소액심판 재판 민사소송 소장 작성방법 실무지침서

소액심판
소장소송절차
이행권고신청
작성방법

편저 : 대한법률콘텐츠연구회

(콘텐츠 제공)

해설 · 최신서식

 법문북스

머 리 말

세상을 살면서 돈을 빌려 쓸 수도 있고 돈을 빌려주는 입장이 될 수도 있습니다. 돈이라는 것은 내 주머니에 있을 때 내 돈이지 내주머니를 떠나면 내 돈이 아닙니다. 돈이라는 것은 빌려주기는 쉬워도 돌려받기는 쉽지만 않습니다.

돈이라는 것은 잘 아는 사람들끼리 돈을 빌리고 빌려주는 것이지 모르는 사람과는 거래하기 어렵습니다. 이러한 과정에서 일어나는 금전거래는 차용증을 작성하거나 금전소비대차계약을 체결하자고 할 수도 없어서 차용증을 받지도 않고 아무런 근거도 없이 돈을 빌려주고 나중에 돈을 갚지 않아 법적인 문제가 발생하면 차용증이 있고 없고는 소송의 승패가 좌우됩니다.

돈은 앉아서 주고 서서 받는다는 말이 있듯이 돈을 빌려주기는 쉬워도 돌려받기는 어렵다는 뜻입니다. 금전거래를 하다가 손해를 한번 두 번 본 경험이 있는 분들은 아예 돈을 빌려달라고 부탁을 받으면 무조건 차용증을 받고 뒤에 인감증명서까지 첨부해 받거나 아예 공증사무실로 가서 금전소비대차공정증서를 받아 두지만 그래도 변제능력이 없는 사람에게 돈을 빌려주면 받기가 어렵습니다.

상대방이 이행을 하지 않으면 하는 수 없이 법에 힘을 빌려 강제집행을 하여 돌려받을 수밖에 없습니다. 마찬가지로 소송물가액이 적은 소액을 청구하는 소송의 경우에 복잡하고도 난해한 일반 소송절차를 밟도록 할 수 없습니다.

통상의 소송절차는 그 시일이 오래 걸리고 들어가는 비용이나 노력 면에서 당사자는 물론 법원에게도 큰 부담이 될 수 있으므로 쟁점이 거의 없고 판단이 어렵지 않은 소액사건의 해결에는 적합하지 않은 측면이 있습니다.

그리하여 현행법은 통상의 소송에 비하여 그 절차를 축소시킨 간이소송절차를 마련하였습니다.

간이소송절차에는 (1)소액사건심판절차 (2)독촉절차 지급명령의 두 가지를 규정하고 있습니다. 소액사건심판절차는 일정한 수준 이하의 소가에 해당하는 사건을 보다 간편하게 해결할 수 있도록 마련한 절차이고, 독촉절차 지급명령은 금전 등의 지급을 목적으로 하는 청구권을 실현함에 있어 일정요건이 갖추어지면 보다 쉽게 집행권원을 얻을 수 있도록 한 절차입니다.

그리하여 제1심이 지방법원(지원, 시 법원, 군 법원)에 제기하는 소송 중 소송물가액이 3,000만 원 이하인 민사 사건을 '소액 사건'이라고 하며, 이에 대해서는 민사소송법의 특별한 예외를 규정한 소액사건심판법에 의하여 처리하도록 되어 있습니다.

청구금액 3,000만 원 이하인 민사사건에서 단 한 번의 재판으로 배상을 결정하는 재판제도를 말합니다. 개인 간의 소액 민사 분쟁이나 전세분쟁을 보다 신속하게 해결하기 위해 마련된 재판제도를 소액사건심판제도라고 합니다.

소액사건은 제소한 때의 소송목적의 값(소가)이 3,000만 원을 초과하지 아니하는 금전 기타 대체물 금전(대금, 공사대금, 물품대금, 판매대금, 매매대금, 양수 금, 손해배상금 등)이나 일반의 거래에 있어, 그 물건의 성질을 문제 삼지 않고 동 종류의 다른 물건으로 바꿀 수 있는 물건을 대체물이라고 합니다. 이에 반하여 토지, 건물, 예술품과 같이 동종의 물건으로 바꿀 수 없는 부대체물은 제외합니다)이나 유가증권(목적물의 개성이 문제되지 않는 청구이어야 하며 즉시에서 그 지급을 구할 수 있는 것이어야 합니다. 유가증권이라 하더라도 기명식주권일 경우에는 유가증권에서 제외됩니다)의 일정한 수량의 지급을 목적으로 하는 제1심 민사사건입니다.

송목적의 값(소가)이 비록 3,000만 원 이하라고 하더라도 동 종류의 물건으로 바꿀 수 없는 부동산인도청구, 소유권이전등기청구, 채무부존재확인청구, 청구이의의 소 등이나 유가증권이라 하더라도 기명식주권인 경우에는 소액사건에 해당하지 않습니다.

실무상 대여금, 공사대금, 물품대금, 손해배상금 등을 청구할 때 원금과 이자 등을 함께 구하는 경우가 많습니다. 청구취지에서 특정된 금액 속에 원금과 그에 대한 이자, 약정 지연손해금, 법정 지연손해금 등 부대청구가 포함되어 있다면 이들을 제외한 원금만을 소송목적의 값(소가)으로 보고 소액사건 여부를 판단합니다.

소액사건심판법 제1조는 신속성과 경제성에 중점을 두어 소액의 민사사건(이하, 다음부터는 '소액 민사소송'으로 줄여 쓰겠습니다)을 간이 한 절차에 따라 신속히 처리하기 위하여 민사소송법에 대한 특례를 규정하고 있습니다. '소액사건심판법은 지방법원 및 지방법원지원 또는 시법원이나 군법원에서 소액의 민사사건을 간이 한 절차에 따라서 신속히 처리하기 위하여 민사소송법에 대한 특례를 규정함을 목적으로 한다.' 라고 규정되어 있습니다.

소액사건심판절차는 민사소송법의 법적 요건과 기술적 형식에 얽매이지 않도록 하면서 법을 모르고 경제적으로 어려운 대다수 국민과 시간에 쫓기는 직장인들의 편의를 고려하여 그들 사이의 일상생활에서 발생하는 소규모 분쟁을 법원의 공정한 사법서비스를 통하여 저렴한 비용으로 신속한 재판을 통하여 해결해 주는 것을 목적으로 합니다.

소장이 접수되면 간단한 심사를 하여 특별한 형식적 하자가 없는 한 그 부본을 즉시 상대방에게 송달하고 30일 이내에 답변서를 제출하도록 최고합니다.

그 단계에서 소장이 송달불능이 되면 주소보정명령을 하고 결국 공시송달로 처리될 사건은 공시송달 신청, 공시송달의 실행 및 관련 증거신청을 기일 전에 모두 마치도록 한 다음 곧바로 제1회 변론기일을 지정하여 변론종결이 되도록 운영하고 있습니다.

피고에게 소장이 송달된 경우에는, 답변서 제출기한이 만료된 직후 재판장이 사건기록을 검토하여 처리방향을 결정하게 되는데 그 때까지 답변서가 제출되었는지 여부에 따라 절차진행은 전혀 다른 궤도를 따라가게 됩니다. 먼저 기한 내에 답변서가 제출되지 않았거나 자백 취지의 답변서가 제출된 경우에는 일단 무변론판결 대상 사건으로 분류됩니다.

피고가 기한 내에 부인하는 취지의 답변서를 제출하여 원고청구를 다투는 경우에는, 재판장은 바로 기록을 검토하고 사건을 분류하여 심리방향을 결정합니다.

원칙적으로 재판장은 가능한 최단기간 안의 날로 제1회 변론기일을 지정하여 양쪽 당사자가 법관을 조기에 대면할 수 있도록 합니다.

우리 법문북스에서는 소액사건에 대하여 누구든지 쉽게 직접 소장을 작성하고 피고의 인적사항을 알지 못하고 기본정보만 알고 있는 경우 사실조회신청서를 통하여 인적사항을 확보하여 보정하고 재판을 진행할 수 있도록 하기 위하여 실제 있었던 사례를 중심으로 이에 맞게 소장을 작성하는 방법과 스스로 인적사항을 사실조회를 신청하는 방법을 안내한 지침서를 적극 권장하고 싶습니다.

– 법문북스 –

차 례

본 문

최신서식

본문

제1장 소액심판절차

닭을 잡는 데 소를 잡는 칼을 쓸 수 없습니다. 마찬가지로 소송물가액이 적은 금액을 청구하는 소송의 경우에 복잡하고도 난해한 일반 소송절차를 밟도록 할 수 없습니다. 통상의 소송절차는 그 시일이 오래 걸리고 들어가는 비용이나 노력 면에서 당사자는 물론 법원에게도 큰 부담이 될 수 있어서 쟁점이 거의 없고 판단이 어렵지 않은 사건의 해결에는 적합하지 않은 측면이 있습니다. 그리하여 현행법은 통상의 소송에 비하여 그 절차를 축소시킨 간이소송절차를 마련하였습니다.

간이소송절차에는 소액사건심판절차와 독촉절차 지급명령의 두 가지를 규정하고 있습니다. 소액사건심판절차는 일정한 수준 이하의 소가에 해당하는 사건을 보다 간편하게 해결할 수 있도록 마련한 절차이고, 독촉절차 지급명령은 금전 등의 지급을 목적으로 하는 청구권을 실현함에 있어 일정요건이 갖추어지면 보다 쉽게 집행권원을 얻을 수 있도록 한 절차입니다.

그리하여 제1심인 지방법원(지방법원지원, 시법원, 군법원)에 제기하는 소송 중 소송물가액이 3,000만 원 이하인 민사 사건을 '소액 사건'이라고 하며, 이에 대해서는 민사소송법의 특별한 예외를 규정한 소액사건심판법에 의하여 처리하도록 되어 있습니다.

청구금액 3,000만 원 이하인 민사사건에서 단 한 번의 재판으로 배상을 결정하는 재판제도를 말합니다. 개인 간의 소액 민사 분쟁이나 전세분쟁을 보다 신속하게 해결하기 위해 마련된 재판제도를 소액사건심판제도라고 합니다.

소액사건심판법 제1조는 신속성과 경제성에 중점을 두어 소액의 민사사건(이하, 다음부터는 '소액심판'으로 줄여 쓰겠습니다)을 간이 한 절차에 따라 신속히 처리하기 위하여 민사소송법에 대한 특례를 규정하고 있습니다. '소액사건심판법은 지방법원 및 지방법원지원 또는 시법원이나 군법원에서 소액의 민사사건을 간이 한 절차에 따라서 신속히 처리하기 위하여 민사소송법에 대한 특례를 규정함을 목적으로 한다.'라고 규정되어 있습니다.

소액사건심판절차는 민사소송법의 법적 요건과 기술적 형식에 얽매이지 않도록 하면서 법을 잘 모르고 경제적으로 어려운 대다수 국민과 시간에 쫓기는 직장인들의 편의를 고려하여 그들 사이의 일상생활에서 발생하는 소규모 분쟁을 법원의 공정한 사법서비스를 통하여 저렴한 비용으로 신속한 재판을 통하여 해결해 주는 것을 목적으로 합니다.

소액심판 소장이 접수되면 간단한 심사를 하여 특별한 형식적 하자가 없는 한 그 부본을 즉시 상대방에게 송달하고 30일 이내에 답변서를 제출하도록 최고합니다.

그 단계에서 소장이 송달불능이 되면 주소보정명령을 하고 결국 공시송달로 처리될 사건은 공시송달 신청, 공시송달의 실행 및 관련 증거신청을 기일 전에 모두 마치도록 한 다음 곧바로 제1회 변론기일을 지정하여 변론종결이 되도록 운영하고 있습니다.

피고에게 소장이 송달된 경우에는, 답변서 제출기한이 만료된 직후 재판장이 사건기록을 검토하여 처리방향을 결정하게 되는데 그 때까지 답변서가 제출되었는지 여부에 따라 절차진행은 전혀 다른 궤도를 따라가게 됩니다. 먼저 기한 내에 답변서가 제출되지 않았거나 자백 취지의 답변서가 제출된 경우에는 일단 무변론판결 대상 사건으로 분류됩니다.

피고가 기한 내에 부인하는 취지의 답변서를 제출하여 원고청구를 다투는 경우에는, 재판장은 바로 기록을 검토하고 사건을 분류하여 심리방향을 결정합니다.

원칙적으로 재판장은 가능한 최단기간 안의 날로 제1회 변론기일을 지정하여 양쪽 당사자가 법관을 조기에 대면할 수 있도록 합니다.

제1회 변론기일은 쌍방 당사자 본인이 법관 면전에서 사건의 쟁점을 확인하고 상호 반박하는 기회를 가짐으로써 구술주의의 정신을 구현하는 절차입니다. 이를 통하여 양쪽 당사자 본인의 주장과 호소를 할 만큼 하게하고, 재판부도 공개된 법정에서의 구술심리 과정을 통하여 투명하게 심증을 형성함으로써, 재판에 대한 신뢰와 만족도를 높이는 방향으로 운영하고자 하는 것입니다. 이처럼 제1회 변론기일을 통하여 양쪽 당사자가 서로 다투는 점이 무엇인지 미리 분명하게 밝혀지면, 그 이후의 증거신청과 조사는 그와 같이 확인된 쟁점에 한정하여 집중적으로 이루어질 수 있게 됩니다.

한편 재판장은 사건분류의 단계 또는 제1회 변론기일 이후의 단계에서, 당해 사건을 준비절차에 회부할 수 있습니다.

이는 양쪽 당사자의 주장내용이나 증거관계가 매우 복잡하여, 별도의 준비절차를 통하여 주장과 증거를 정리하고 앞으로의 심리계획을 수립하는 것이 필요하다고 판단하는 경우에 이루어집니다. 준비절차는 양쪽 당사자가 서로 준비서면을 주고받거나(서면에 의한 준비절차), 법원에서 만나 주장과 증거를 정리하는 방법(준비기일에 의한 준비절차)으로 진행됩니다.

앞서 본 변론기일 등의 절차가 진행되는 과정에서 쌍방 당사자는 준비서면에 의한 주장의 제출과 더불어 그 주장을 뒷받침하는 증거신청 및 증거의 현출을 모두 마쳐야 합니다.

따라서 관련 서증은 원칙적으로 준비서면에 첨부하여 제출하여야 하고, 문서송부촉탁, 사실조회, 검증·감정신청과 그 촉탁은 물론 증인신청까지도 모두 이 단계에서 마치는 것을 원칙으로 합니다.

증거조사기일에는 원칙적으로 사건에 관련된 쌍방의 증인 및 당사자신문 대상자 전원을 한꺼번에 집중적으로 신문하고, 신문을 마친 사건은 그로부터 단기간 내에 판결을 선고하는 구조로 운영합니다.

그리고 당사자 쌍방이 다투는 사건에 대해서는 위와 같은 절차진행의 과정 중 어느 단계에서든 화해권고결정이나 조정제도를 활용하여 분쟁의 화해적 해결을 시도하는 것을 지향합니다.

1. 소액심판의 적용 범위

소액심판 대상 사건은 제소한 때의 소송목적의 값(소가)이 3,000만 원을 초과하지 아니하는 금전 기타 대체물 금전(대금, 공사대금, 물품대금, 판매대금, 매매대금, 양수 금, 손해배상금 등)이나 일반의 거래에 있어, 그 물건의 성질을 문제 삼지 않고 동 종류의 다른 물건으로 바꿀 수 있는 물건을 대체물이라고 합니다. 이에 반하여 토지, 건물, 예술품과 같이 동종의 물건으로 바꿀 수 없는 부대체물은 제외합니다)이나 유가증권(목적물의 개성이 문제되지 않는 청구이어야 하며 즉시 그 지급을 구할 수 있는 것이어야 합니다. 유가증권이라 하더라도 기명식주권일 경우에는 유가증권에서 제외됩니다)의 일정한 수량의 지급을 목적으로 하는 제1심 민사사건입니다.

소송목적의 값(소가)이 비록 3,000만 원 이하라고 하더라도 동 종류의 물건으로 바꿀 수 없는 부동산인도청구, 소유권이전등기청구, 채무부존재확인청구, 청구이의의 소 등이나 유가증권이라 하더라도 기명식주권인 경우에는 소액사건에 해당하지 않습니다.

실무상 대여금, 공사대금, 물품대금, 손해배상금 등을 청구할 때 원금과 이자 등을 함께 구하는 경우가 많습니다. 청구취지에서 특정된 금액 속에 원금과 그에 대한 이자, 약정 지연손해금, 법정 지연손해금 등 부대청구가 포함되어 있다면 이들을 제외한 원금만을 소송목적의 값(소가)으로 보고 소액사건 여부를 판단합니다.

소의 변경으로 소액 민사소송의 범위를 넘게 되거나 당사자참가, 중간확인의 소 또는 반소제기 및 변론 병합으로 인하여 소액사건이 아닌 사건과 병합심리하게 된 경우에는 그 전체가 소액사건의 범위에 해당하지 않으므로(소액사건심판규칙 제1조의2 단서) 사물관할에 따라서 민사단독 재판부로 재배당하거나 민사합의 재판부로 이송해야 합니다.

다만 소액 민사소송에 해당하는지는 소의 제기 당시를 기준으로 정하여지는 것이므로 병합심리로 그 소가의 합산액이 소액사건의 소가를 초과하였다고 하여도 소액사건임에는 변함이 없습니다. 따라서 이러한 경우에 소액사건심판법 제3조 각 호에서 정한 사유가 있는 때에 한하여 상고할 수 있습니다.

2. 일부청구의 제한

소액사건심판법 제5조의2에 의하여 채권자는 소액사건심판법의 적용을 받을 목적으로 그 청구를 분할하여 일부만을 청구할 수 없습니다. 사건을 소액으로 나누어 소를 제기함으로써 소액사건심판법에 따라 간이한 절차의 혜택을 받으려고 악용하는 것을 방지하려는 취지입니다.

3. 인지대 계산 방법

인지대는 소액 민사소송의 소 제기 시 소송목적의 값(소가)을 정하고 이에 따른 인지액을 아래와 같이 산출하고 그 해당액의 인지를 소액 민사소송의 소장에 붙이거나 현금으로 납부하고 그 납부서를 소장에 첨부하시면 됩니다.

소송목적의 값이 1,000만 원 미만,

소가×0.005=인지대,

예를 들어 3,765,234×0.005=18,826원이며, 1백 원 미만을 버리면 실제 납부할 인지대는 금 18,800원이 됩니다.

소송목적의 값이 1,000만 원 이상

3,000만 원 미만,(소액사건)

소가×0.0045+5,000=인지대,

예를 들어 26,987,456×0.0045+5,000=126,443원이며, 1백 원 미만을 버리면 실제 납부할 인지대는 금 126,400원이 됩니다.

첨부할 인지대가 1천 원 미만인 경우 1천 원의 인지를 붙이고 1천 원 이상일 경우에 1백 원 미만의 단수는 계산하지 아니하고 1만 원 이상일 때는 현금으로 납부하고 그 납부서를 소액 민사소송의 소장에 첨부하시면 됩니다.

4. 송달요금 예납 기준

송달료금 1회분은 2021. 09. 01.부터 금 5,200원으로 인상된 송달요금입니다.

소액 민사소송에 대한 소장에는 송달요금을 원고 1인, 피고 1인을 기준으로 하여 각 10회분씩 총 20회분의 금 104,000원의 송달요금을 예납하시고 그 납부서를 위 인지대 납부서와 함께 소액 민사소송의 소장에 첨부하여 법원에 제출하시면 더 이상 들어가는 비용은 없습니다.

5. 소액심판절차의 특례

한편 소액사건심판법은 신속성과 소송경제 확보, 영세서민의 권리구제 편의 등을 위하여 여러 가지의 절차상 특례를 규정하고 있습니다. 소액 민사소송은 법원사무관 등의 앞에서 진술을 하는 방식으로 구술로써 소를 제기할 수 있습니다. 이 경우 법원사무관 등은 제소조서를 작성하여 기명날인해야 합니다.

지방법원이나 지방법원지원, 시법원이나 군법원의 소장 접수창구에는 소액사건심판법의 적용을 받는 사건에 대해서는 구술제소가 허용된다는 취지를 게시하고 소장 양식과 청구취지 및 청구원인 기재 양식을 인쇄하여 약식 작성 요령 기재례와 함께 비치하여야 하며, 스스로 소장을 작성할 능력이 없다고 인정되는 사람 또는 구술(말)에 의하여 소(訴)의 제기를 희망하는 사람에 대하여는 구술제소를 거부하여서는 아니 됩니다.

6. 관할법원

관할법원은 지방법원이나 지방법원지원의 단독판사가 관할하나 시법원이나 군법원이 설치된 관할구역 안의 소액 민사소송은 시법원이나 군법원의 판사가 전속적으로 관할합니다.

민사소송법 제8조에 따른 재산권에 관한 거소지 또는 의무이행지 법원이 관할법원으로 추가됨에 따라 원고는 자기의 주소지를 관할하는 지방법원이나 지방법원지원 또는 시법원이나 군법원에 소액 민사소송의 소를 제기할 수 있습니다.

예를 들어 전라북도 김제시에 사는 분이 충청남도 보령시에서 특별히 대금을 변제받기로 한 약정이 없는 한 관할법원(전주지방원 긴제시법원)과 의무이행지 관할법원(대전지방법원 홍성지원 보령시법원) 중에서 원고가 유리한 곳으로 선택하여 소액 민사소송의 소를 제기할 수 있습니다.

7. 인적사항 특정

소액 민사소송에 대한 재판의 효력이 미치고 강제집행의 대상이 되는 피고의 인적사항 첫째, 성명 둘째, 주소 셋째, 주민등록번호를 특정하여 소액 민사소송의 소장에 기재하여야 합니다. 다만 피고가 법인인 경우 법인등기사항전부증명서를 발급받아 소액 민사소송에 대한 소장에 첨부하고 법인의 등록번호와 주소, 상호, 대표자를 특정하여 기재하시면 됩니다.

피고의 인적사항을 알지 못하고 피고가 사용하고 있는 휴대전화번호나 피고가 사용하는 계좌번호 등을 알고 있는 경우 소액 민사소송의 소장에 대한 피고의 인적사항 란은 공란으로 작성하고 피고에 대해 알고 있는 기본정보(휴대전화번호, 계좌번호 등)를 활용하여 사실조회신청서를 작성하여 소액 민사소송의 소장과 같이 법원에 제출하고 사실조회로 피고의 인적사항을 확보하고 공란으로 작성한 피고의 당사자표시정정신청을 하시면 소송이 진행됩니다.

가. 휴대전화 사실조회신청서

사실조회촉탁신청서

원 고: ○ ○ ○

피 고: ○ ○ ○

부산지방법원 서부지원 귀중

사실조회촉탁신청서

1.원고

성 명	○ ○ ○	주민등록 번호	생략
주 소	부산시 ○구 ○○로 ○○○번길 ○○, ○○○호		
직 업	생략	사무실 주 소	생략
전 화	(휴대폰) 010 - 4567 - 0000		
대리인에 의한 고 소	□ 법정대리인 (성명 : , 연락처) □ 소송대리인 (성명 : 변호사, 연락처)		

2.피고

성 명	○ ○ ○	주민등록 번호	보정하겠습니다.
주 소	보정하겠습니다.		
직 업	무지	사무실 주 소	무지
전 화	(휴대폰) 010 - 9876 - 0000		
기타사항	이 사건 피고 겸 채무자입니다.		

3. 사실조회촉탁신청

신청취지

위 사건에 관하여 원고는 피고의 요청에 의하여 피고가 거래하는 ○○은행계좌번호로 금 ○,○○○,○○○원을 송금하여 대여하였으나 피고의 이름은 알고 있으나 정확한 주소, 주민등록번호는 모르고 피고가 현재까지 사용하고 있는 휴대폰 번호만 알고 있습니다. 이에 피고의 인적사항을 명확히 하기 위하여 다음과 같이 사실조회를 신청합니다.

- 다 음 -

4. 사실조회의 목적

원고는 피고의 휴대폰 연락처만을 알고 있으며, 피고가 현재도 휴대전화를 사용하고 있으므로 휴대전화에 대한 명의자의 인적사항을 확인하여 피고를 특정하고자 합니다.

5. 사실조회 할 곳1

상 호	에스케이텔레콤 주식회사
주 소	서울시 중구 을지로65(을지로2가) SK T-타워
대 표 자	대표이사 유영상

사실조회 할 곳2

상 호	주식회사 케이티
주 소	경기도 성남시 분당구 불정로 90(정자동)
대 표 자	대표이사 김영섭

사실조회 할 곳3

상 호	주식회사 엘지유플러스
주 소	서울시 용산구 한강대로 32 LG 유플러스 빌딩
대 표 자	대표이사 황현석

사실조회 할 사항

별지와 같습니다.

○○○○ 년 ○○ 월 ○○ 일

위 원고 : ○ ○ ○ (인)

부산지방법원 서부지원 귀중

사실조회 할 사항

 피고의 인적사항을 확인하기 위하여, 피고가 현재까지 계속해서 사용하고 있는 휴대전화(○○○-○○○○-○○○○)의 가입자의 인적사항 (1) 주민등록번호 (2) 주소 등 일체.

- 이 상 -

금융거래 정보제출명령 신청서

사　건　:　○○○○가소○○○○호대여금

원　고　:　○　○　○

피　고　:　○　○　○

수원지방법원 평택지원 귀중

금융거래 정보제출명령 신청서

1. 원고

성 명	○ ○ ○	주민등록 번호	생략
주 소	경기도 평택시 ○○로 ○○길 ○○○, ○○○호		
직 업	회사원	사무실 주 소	생략
전 화	(휴대폰) 010 - 7723 - 0000		
기타사항	이 사건 채권자입니다.		

2. 피고

성 명	○ ○ ○	주민등록 번호	보정하겠습니다.
주 소	보정하겠습니다.		
직 업	무지	사무실 주 소	생략
전 화	(휴대폰) 010 - 1456 - 0000		
기타사항	이 사건 채무자입니다.		

3.사실조회촉탁신청

신청취지

위 사건에 관하여 원고는 그 주장사실을 입증하고자 다음과 같이 사실조회를 신청합니다.

-다 음-

4.사실조회의 목적

원고는 피고의 계좌로 이체하는 방법으로 송금하여 대여하였는바, 피고의 실명과 계좌개설 금융기관 말고는 피고의 인적사항을 전혀 알고 있지 못하고 있어, 소송 진행이 불가능해질 수 있으므로 사실조회를 신청합니다.

5.사실조회 할 곳

주식회사 우리은행

서울시 중구 소공로 51,(회원동 1가)

대표이사 조병규

6.조회할 자의 인적사항

  성 명 : ○ ○ ○

  계좌번호 : ○○-○○-○○-○○○○

7.사실조회 할 사항

  별지 기재와 같습니다.

소명자료 및 첨부서류

  (1) 조회할 사항 부본

       ○○○○ 년 ○○ 월 ○○ 일

            위 원고 : ○○○ (인)

수원지방법원 평택지원 귀중

사실조회 할 사항

주식회사 우리은행 계좌번호 ○○-○○-○○-○○○○에 대한 예금주의 성명·주소·주민등록번호를 확인하여 주시기 바랍니다.

위 조회사항에 대하여 적정히 답변하여 주시고, 관련 자료의 사본을 송부해 주시기 바랍니다.

- 이 상 -

다. 수사기관에 인적사항 사실조회

사실조회촉탁신청서

사 건 번 호 : ○○○○가단○○○○호 차량인도 등

원 고 : ○ ○ ○

피 고 : ○ ○ ○

전주지방법원 민사 제○단독 귀중

사실조회촉탁신청서

1. 원고

성 명	○ ○ ○	주민등록 번호	생략
주 소	전라북도 전주시 ○○로길 ○○, ○○○호		
직 업	상업	사무실 주 소	생략
전 화	(휴대폰) 010 - 9812 - 0000		
기타사항	□ 법정대리인 (성명 : ,연락처　) □ 신청대리인 (성명 : 변호사,연락처　)		

2. 피고

성 명	○ ○ ○	주민등록 번호	무지
주 소	무지		
직 업	무지	사무실 주 소	무지
전 화	(휴대폰) 010 - 4423 - 0000		
기타사항	이 사건 피고 겸 채무자입니다.		

3.사실조회촉탁신청

신청취지

위 당사자 간 차량인도 등 청구사건에 관하여 원고는 피고의 인적사항을 특정하고 그에 대한 송달장소를 확인하고자 다음과 같이 사실조회촉탁을 신청을 하오니 채택하여 주시기 바랍니다.

- 다 음 -

4.사실조회 대상이 되는 정보

별지와 같습니다.

5.사실조회 할 대상 기관

상 호	전라북도 군산경찰서
주 소	전라북도 군산시 구암 3.1로 82,
담 당	형사2팀 ○○○수사관

6.사실조회의 목적

원고는 피고에 대하여 차량인도 등 청구의 소를 제기하였으나, 피고의 인적 사항을 알지 못하고 다만 원고가 이 사건 차량의 도난 후 전주 ○○경찰서에 본건 차량에 대한 절도신고를 하여 수사 중에 위 수사관서에서는 현재 본건 차량의 점유자인 피고의 인적사항을 가지고 있으므로 원고로서는 피고의 인적사항을 확인하고자 현재 피고에 대한 인적사항을 확보하고 있는 군산경찰서에 대한 사실조회촉탁을 신청하게 되었습니다.

7.사실조회 할 사항

군산경찰서에서 현재 조사 중인 사건(도난신고인 : ○○○,(주민등록번호) 절도피해품 : ○○로○○○○호 뉴 에쿠스), 담당 수사관 형사2팀 ○○○수사관에 관하여,

가. 위 ○○로○○○○호 뉴 에쿠스를 현재 점유하고 있는 것으로 귀 수사기관이 파악하고 있는 사람에 대한 인적사항(성명, 주소, 주민등록번호, 연락처)을 확인하여 주시기 바랍니다.

○○○○ 년 ○○ 월 ○○ 일

위 원고 : ○ ○ ○ (인)

전주지방법원 민사 제○단독 귀중

사실조회 할 사항

군산경찰서에서 현재 조사 중인 사건(도난신고인 : ○○○,(주민등록번호)절도피해
품 : ○○로○○○○호 뉴 에쿠스), 담당 수사관 형사2팀 ○○○ 수사관에 관하여,

가, 위 ○○로○○○○호 뉴 에쿠스를 현재 점유하고 있는 것으로 귀 수사 기관이
파악하고 있는 사람에 대한 인적사항(성명, 주소, 주민등록번호, 연락처)을 확인하여
주시기 바랍니다.

- 이 상 -

라. 과세정보 제출명령 신청서

과세정보 제출명령 신청서

사 건 번 호 : ○○○○가소○○○○호 대여금

원 고 : ○ ○ ○

피 고 : ○ ○ ○

인천지방법원 강화군법원 귀중

과세정보 제출명령 신청서

1. 원고

성 명	○ ○ ○	주민등록 번호	생략
주 소	인천시 강화군 ○○로길 ○○, ○○○호		
직 업	상업	사무실 주 소	생략
전 화	(휴대폰) 010 - 7634 - 0000		
기타사항	이 사건 원고입니다.		

2. 피고

성 명	○ ○ ○	주민등록 번호	생략
주 소	인천시 ○○구 ○○로길 ○○, ○○○-○○○○호		
직 업	상업	사무실 주 소	생략
전 화	(휴대폰) 010 - 7633 - 0000		
기타사항	이 사건 피고입니다.		

3.과세정보 제출명령 신청

신청취지

위 사건에 관하여 원고는 그 주장사실을 입증하기 위하여 국세기본법 제81조의8 제1항에 따라 다음과 같이 과세정보 제출명령을 신청합니다.

- 다 음 -

4.과세정보 제출할 내용

별지 목록 기재와 같습니다.

5.과세정보 보관처

성 명	서인천세무서
주 소	인천시 서구 청라사파이어로 192,
대 표 자	세무서장 정연주
전 화	(사무실) 032 - 560 - 5200
기타사항	이 사건 과세정보 보관처입니다.

6.과세정보 제출의 필요성

위 사건에 관하여 현재 피고 ○○○에 대하여 송달이 불능 될 가능성이 있으며, 향후 위 피고의 인적사항을 파악한 후 강제집행을 원활하게 진행하기 위함입니다.

7.첨부서류

(1) 과세정보 제출할 내용 1통

○○○○ 년 ○○ 월 ○○ 일

위 원고 : ○ ○ ○ (인)

인천지방법원 강화군법원 귀중

과세정보 제출할 내용

  피고는 서인천세무서에 상호 ○○○○, 사업자등록번호 ○○○-○○-○○○○○, 사
업장 소재지는 인천시 ○○구 ○○로 ○○○, 으로 일반과세자 사업자등록을 해놓고
있는바, 이에 개인사업자의 대표자인 피고 ○○○의 인적사항은 무엇인지의 여부(주민
등록번호의 기재를 요함)

- 끝 -

마. 채무자(피고) 주민등록 초본 별급 보정명령요청서

피고(채무자)의 주민등록번호는 알고 있으나 어디에 살고 있는지 알 수 없어 주민등록 초본을 발급받기 위해서는 법원에 소액심판청구의 소장을 접수하면서 보정명령을 내려달라고 하는 신청을 아래와 같이 제출하고 보정명령을 받아 가까운 주민센터에 가서피고(채무자)의 주민등록 초본을 발급받아 주소를 보정하여야 합니다.

보정명령 신청서

원고용지 : ○ ○ ○

피고 : ○ ○ ○

원고는 소장을 제출하면서 피고의 주민등록번호(○○○○○○-○○○○○○○)는 알고 있으나 피고의 주소를 알지 못하여 피고의 인적사항 등을 파악하여 당사자를 특정하고 당사자 표시정정을 하려고 하오니, 피고의 주민등록 초본을 발급받을 수 있도록 보정명령을 내려 주시기를 앙망합니다.

○○○○ 년 ○○ 월 ○○ 일

위 원고 : ○ ○ ○(인)

○○지방법원 ○○지원 귀중

바. 당사자표시정정신청서

사실조회신청으로 피고의 인적사항을 확보한 경우 법원으로부터 보정명령을 교부받아 가까운 주민센터에서 주민등록 초본을 발급받아 공란으로 제출한 피고의 인적사항을 아래와 같이 당사자표시정정신청을 하셔야 합니다.

당사자표시정정신청서

사 건 : ○○○○가소○○○○호 대여금

원 고 : ○ ○ ○

피 고 : ○ ○ ○

이 사건에 관하여 원고는 다음과 같이 당사자 표시를 정정합니다.

-다 음-

1. 정정 전 당사자의 표시

피고○ ○ ○(주민등록번호 보정하겠습니다)

주소 : 보정하겠습니다.

2. 정정 후 당사자의 표시

피고○ ○ ○(주민등록번호)

주소 : 부산광역시 ○○구 ○○로 ○○번길 ○○, ○○○호 (○○동, ○○○빌라)

3. 신청이유

원고는 이 사건 소장표시와 관련하여 피고의 주민등록번호와 주소를 알지 못하여 피고의 거래은행에 대한 사실조회촉탁신청으로 피고의 주소와 주민등록번호를 확보하여 당사자를 특정하고자 하오니 피고의 표시를 정정하여 주시기 바랍니다.

4. 첨부서류

피고에 대한 주민등록표초본을 첨부하겠습니다.

○○○○ 년 ○○ 월 ○○ 일

위 원고 : ○ ○ ○ (인)

부산 서부지원 민사 제22단독 귀중

제2장 이행권고결정 제도

1. 이행권고결정

이행권고결정은 소액 민사소송의 소가 제기된 경우에 법원이 소장의 부본이나 제소조서 등본을 첨부하여 피고에게 청구취지대로 이행할 것을 권고하는 결정(소액사건심판법 제5조의3 제1항)으로 법원이 직권으로 이행권고결정을 한 후 이에 대하여 피고가 2주일(14일) 내에 이의신청을 하지 않으면 변론 없이 곧바로 원고에게 집행권원을 부여하는 제도입니다.

지급명령에 대한 개념과 민사소송법에 도입된 화해권고결정의 개념을 함께 반영하여 소액 민사소송을 간이하게 처리하고 당사자의 법정출석에 따른 불편을 덜어주려는 취지에서 이행권고결정의 제도가 도입되었습니다.

이행권고결정 제도로 피고가 원고의 주장을 다투지 않아 자백간주로 종결되던 소액사건의 대부분이 이행권고결정에 흡수됨으로써 원고의 법정출석 부담이 대폭 감소하고 변론기일에 당사자의 출석 여부를 확인하는 절차 위주로 진행되던 법정의 모습이 달라지게 되었습니다.

결정에 의한 이행권고 활용 여부는 법원의 임의적 판단에 맡겨져 있으나 실무에서는 소액 민사소송의 소장에 대한 청구취지나 청구원인에 특별히 보정해야 할 오류 또는 흠결사항이 없는 이상 일단 이행권고결정을 한 후 피고의 이의신청이 있는 경우에 심리를 하고 있으며 다만 피고가 이행권고결정에 대하여 이의신청을 하는 경우에 원래 소액 민사소송의 절차에 의하여 진행되는 것보다 지체될 우려가 있기 때문에 법원은 기록을 검토하여 이행권고결정의 요건이 갖추어졌다고 판단되면 즉시 이행권고결정을 해야 합니다.

2. 이행권고결정에 대한 이의신청

피고는 이행권고결정서 등본을 송달받은 날부터 2주일(14일)내에 서면으로 이행권고결정을 한 그 법원에 이의신청을 할 수 있습니다. 법원은 이의신청이 있는 때에는 지체 없이 변론기일을 지정해야 합니다. 피고가 이행권고결정에 대한 구체적인 이의사유를 기재하지 않더라도 원고가 주장한 사실을 다툰 것으로 보기 때문에 이의신청을 한 피고는 제1심판결이 선고되기 전까지 이의신청을 취하할 수 있습니다.

이 경우 원고의 동의를 받을 필요는 없습니다.

이행권고결정에 대한 이의신청을 할 수 있는 위 2주일(14일)의 기간은 불변기간이므로 '부득이한 사유' 로 인하여 이의신청의 기간을 준수하지 못한 경우에는 그 사유가 없어진 후 2주일(14일) 내에 서면으로 이의신청을 추후보완하는 것이 허용됩니다.

피고는 이의신청과 동시에 서면으로 추후보완사유를 소명해야 하고 법원은 추후보완사유가 이유 없다고 인정되는 때에는 결정으로 이의신청을 각하해야 합니다.

각하결정에 대해서는 즉시항고를 할 수 있습니다.

3. 이행권고결정을 할 수 없는 경우

독촉절차 지급명령이나 조정절차에서 이의신청을 하여 다시 소송절차로 이행된 때, 청구취지나 청구원인이 불명한 때, 그 밖에 이행권고를 하기에 적절하지 아니하다고 인정하는 때에는 소액사건심판법 제5조의3 제1항 단서에 의하여 이행권고결정을 할 수 없습니다.

지급명령에 대한 이의신청이 있거나 지급명령정본이 송달되어 채권자가 소의 제기 신청을 한 경우, 조정이 불성립되어 조정절차에서 소송절차로 이행된 경우에는 원고 또는 피고 사이에 다툼이 있어서 변론을 거쳐 충실한 심리를 해야 할 필요가 있거나 공시송달로 진행될 가능성이 있기 때문에 바로 변론기일을 지정해야 합니다.

청구취지나 청구원인이 불명확한 경우는 이행권고결정을 하지 못하지만 이행권고결정 제도의 운영 활성화를 위해서 접수 단계에서부터 원고에게 청구취지를 명확하게 하고 오류가 있을 경우에는 청구취지를 보정하도록 안내하거나 일단 접수 후 적법하게 보정되면 그에 따라서 이행권고결정을 하는 것이 바람직합니다. 청구원인 중 법률요건의 사소한 부분에 관한 주장에 흠결이 있는 경우 또는 주장이 다소 미흡하거나 모순된 경우, 소장에 증거서류 등이 첨부되어 있지 않거나 첨부된 증거가 부족하더라도 청구취지 특정에 어려움이 없다면 일단은 이행권결정을 하는 것이 타당합니다.

4. 이행권고결정의 효력

이행권고결정은 피고가 이행권고결정서 등본을 송달받은 날부터 2주일(14일) 이내에 이의신청을 하지 아니한 때, 이의신청에 대한 각하결정이 확정된 때, 이의신청이 취하된 때는 확정판결과 같은 효력을 가집니다.

확정된 이행권고결정은 확정판결과 동일한 효력을 가지나 판결과 같은 기판력은 인정되지 않고 확정된 이행권고결정에는 집행력과 확정력이 부여되어 바로 강제집행을 할 수 있는 집행권원이 되기 때문에 이로써 소액 민사소송은 모두 종료됩니다.

피고는 확정된 이행권고결정에 대하여 이행권고결정 이후의 청구권 소멸이나 행사를 저지하는 사유뿐만 아니라, 이행권고결정 전의 청구권 불성립이나 무효 등의 사유를 내세워 청구이의의 소를 제기함으로써 확정된 이행권고결정의 효력을 다툴 수 있습니다. 만일 확정된 이행권고결정에 의하여 강제집행이 이미 완료된 경우에는 부당이득금반환청구나 손해배상청구의 소 등을 제기하여 구제받을 수 있습니다.

제3장 소송절차

1. 지체 없는 소장 송달

법원은 소액 민사소송의 소가 제기되면 소장부본이나 제소조서 등본은 지체 없이 피고에게 송달하여야 합니다. 소액 민사소송의 소가 제기되면 판사는 바로 변론기일을 정할 수 있습니다.

2. 1회 변론종결

소액사건심판법 제7조 제2항에 따라 되도록 1회의 변론기일로 심리를 마치도록 하여야 합니다. 이러한 목적을 달성하기 위하여 판사는 변론기일 전이라도 당사자로 하여금 증거신청을 하게 하거나 필요한 조치를 취할 수 있습니다.

소액사건심판규칙은 원고에 대하여 최초의 기일통지서에 첫 기일에 필요한 모든 증거방법을 제출할 수 있도록 사전 준비를 하고 최초의 기일 전이라도 증거신청이 가능하다는 등의 내용을 적어야 한다고 정하고 있습니다.

3. 야간 및 공휴일 개정

판사는 필요한 경우에는 근무시간 외 또는 공휴일에도 소액 민사소송은 개정할 수 있습니다. 이것은 일용 근로자나 직장에 근무하는 사람들이 소액 민사소송의 당사자 중 상당수인 점에 비추어 이들이 생업에 지장을 받지 않고 그 권리를 구제받을 수 있도록 보통의 일과시간이 아닌 야간이나 공휴일에 개정할 수 있도록 한 것입니다.

4. 소송대리의 특칙

소액 민사소송은 소액사건심판법 제8조 제1항에 의하여 당사자의 배우자, 직계혈족 또는 형제자매는 법원의 허가 없이도 소송대리인이 될 수 있습니다. 이러한 소송대리인은 당사자와의 신분관계(주민등록초본 또는 가족관계증명서 등)와 수권관계(소송대리 위임장 등)를 서면으로 증명해야 합니다. 수권관계에 대해서는 당사자들이 판사 앞에서 구술(말)로 위 소송대리인을 선임하고 법원사무관 등이 조서에 이를 기재한 때에는 그러하지 아니합니다.

실제 소액 민사소송에서는 이와 같은 서면 증명 없이 소송대리인만 기일에 출석하는 경우가 많습니다. 한편 원칙적으로 당사자가 불출석한 것으로 처리해야 하지만, 신속한 처리와 간이한 절차를 추구하는 소액사건심판법의 취지에 따라 상대방에 의한 확인이나 주민등록증 등에 의하여 신분 확인이 가능하면 당해 기일에 변론하도록 하고 다음 기일까지 보정을 하게 하는 등 탄력적으로 운영하고 있습니다.

5. 무변론 청구기각

법원은 소액 민사소송의 소장이나 답변서, 준비서면 기타 소송기록에 의하여 청구가 이유 없음이 명백한 때에는 소액사건심판법 제9조 제1항에 의하여 변론 없이 청구를 기각할 수 있습니다.

청구가 이유 없음이 객관적으로 명백함에도 오로지 피고를 소액 민사소송에 끌어내어 번거로움을 줌으로써 정신적 위안을 얻고자 하는 감정소송 등과 같은 원고의 남소를 방지하고 이러한 소송을 신속히 종결하는 데 그 목적이 있습니다.

그러나 필요한 자료의 제출이 없는 한 서면의 심리만으로 청구의 당부를 판단하는 것에 상당한 부담이 있어 실무에서는 거의 무변론 청구기각은 이루어지지 않습니다.

6. 변론의 갱신 예외

소액 민사소송은 판사의 인사이동 등으로 경질이 있는 경우라도 소액사건심판법 제9조 제2항에 의하여 변론의 갱신 없이 판결을 할 수 있습니다.

이는 민사소송법 제204조에 따른 직접주의의 예외에 해당합니다.

7. 조서의 기재 생략

소액 민사소송의 조서는 당사자의 이의가 있는 경우를 제외하고 판사의 허가가 있는 때에는 이에 기재할 사항을 소액사건심판법 제11조 제1항에 따라 생략할 수 있습니다. 민사소송법과 민사소송규칙에도 조서 기재 생략 등에 관한 규정이 민사소송법 제155조, 민사소송규칙 제32조에 의하여 있으나, 소액사건심판법은 조서 기재를 생략할 수 있는 그 대상 사건을 한정하지 않고 생략 요건과 절차도 완화하고 있습니다.

실무에서는 조서의 내용이 전산으로 자동 생성되어 조서 작성에 드는 노력이 과거에 비해 경감되고, 소액 민사소송의 소송 도중에 판사의 인사이동 등으로 경질되거나 항소가 제기된 경우 등에 대비할 필요가 있으며, 증인신문조서 기재를 생략하면 당사자의 항소로 항소심으로 이심되면 다시 증인신문을 해야 하는 불편이 있으므로 대부분 조서를 작성하고 있습니다.

8. 직권증거조사

소액 민사소송의 판사는 필요하다고 인정한 때는 직권으로 증거조사를 할 수 있습니다.

소액 민사소송의 경우 당사자 본인 소송이 많아 증명해야 할 사항에 맞는 증거자료를 수집하여 제출한다는 것을 기대하기 어렵기 때문에 법원이 실체적 진실 발견에 도움이 되는 그 증거를 직권으로 조사함으로써 그 결과를 변론에 현출한 후 당사자의 의견을 들어 이를 판단 자료로 삼아 억울한 당사자가 생기지 않도록 하는 데 그 취지가 있습니다.

실무에서는 법원이 직권증거조사를 활용하는 대신 석명권을 강화하여 증명책임이 있는 당사자에게 이를 촉구하는 방법으로 증거조사를 하고 있습니다.

9. 판사에 의한 증인신문

소액 민사소송의 증인은 판사가 신문하고, 당사자는 판사에게 고(告)하고 소액사건심판법 제10조 제2항에 따라 증인신문을 할 수 있습니다. 당사자들은 증인신문에 익숙하지 못하여 사건의 쟁점을 파악하고 있는 판사가 직접 증인을 신문함으로써 증인신문의 실효성을 거두려는 취지입니다.

실무에서는 당사자가 증인을 신청하면서 법원에 증인신문사항을 제출하면 판사는 신문사항을 생략 또는 변형하여 물어보거나, 필요한 내용을 직권으로 물어보는 방식으로 운용하고 있습니다.

10. 증인·감정인 등의 서면신문

판사는 상당하다고 인정한 때에는 증인 또는 감정인의 심문에 갈음하여 서면을 제출하게 할 수 있습니다. 법원에서는 한 기일에 수많은 사건을 심리해야 하는 소액 민사소송의 특성을 고려하여 증인신문에 들어가는 시간을 줄이고 증인 또는 감정인에 대하여 서면신문은 재판사무에 관한 문서양식에 따른 신문서를 송달하여 행하고 신문서에는 증인 또는 감정인이 서명 또는 날인하여야 합니다.

11. 판결에 관한 특례

소액 민사소송의 판결의 선고는 변론종결 후 즉시 할 수 있습니다.

판결을 선고함에는 주문을 낭독하고 주문이 정당함을 인정할 수 있는 범위 안에서 그 이유의 요지를 구술로 설명하여야 합니다.

판결서에는 민사소송법 제208조의 규정에도 불구하고 이유를 기재하지 아니할 수 있습니다. 수많은 소액 민사소송을 처리해야 하는 판사의 입장에서 업무의 효율성을 높일 수 있는 규정이지만 판결의 이유 기재 생략으로 소송물 특정이 어려워 기판력이 문제되고 당사자가 이유를 알 수 없어 항소하기 어렵다는 등의 지적이 있습니다.

최신서식

(1) 소액 대여금청구 소장 – 원고가 피고에게 소액을 여러 번에 걸쳐 빌려준 돈을 청구하는 소장 최신서식

소　장

원　고　:　○ ○ ○

피　고　:　○ ○ ○

대여금 청구의 소

소송물 가액금	금　1,800,000 원
첨부할 인지액	금9,000 원
첨부한 인지액	금9,000 원
납부한 송달료	금 104,000 원
비고	

춘천지방법원 강릉지원 삼척시법원 귀중

소 장

1.원고

성 명	○ ○ ○	주민등록 번호	생략
주 소	강원도 삼척시 청석로 2길 ○○○, ○○○호		
직 업	상업	사무실 주 소	생략
전 화	(휴대폰) 010 - 9000 - 0000		
기타사항	대여인 채권자입니다.		

2.피고

성 명	○ ○ ○	주민등록 번호	생략
주 소	강원도 삼척시 ○○로 ○○-○○, ○○○호		
직 업	상업	사무실 주 소	생략
전 화	(휴대폰) 010 - 4567 - 0000		
기타사항	차용인 채무자입니다.		

3. 대여금 청구의 소

청구취지

1. 피고는 원고에게 금 1,800,000원 및 이 사건 소장 부본 송달된 다음날부터 다 갚는 날까지 연 12%의 비율에 의한 금원을 지급하라.

2. 소송비용은 피고의 부담으로 한다.

3. 제1항은 가집행 할 수 있다.

라는 판결을 구합니다.

청구원인

1. 원고는 피고에게 ○○○○. ○○. ○○. 금 1,000,000원을 ○○○○. ○○. ○○. 금 500,000원을 ○○○○. ○○. ○○. 금 300,000원을 합계 1,800,000원을 변제기 및 이자약정 없이 각 대여하여 주었으나 현재까지 이를 갚지 않고 있습니다.

2. 공증도 거부했으며 변제기일도 재촉하고 독촉했으나 무시했으며 변제기일도 최대한 빠른 기일에 변제하겠다고 해놓고 변제 일부터 지금까지 몇 달간 변제가 없고 변제의사도 없습니다.

3. 따라서 원고는 피고에게 대여금 1,800,000원 및 이에 대하여 이 사건 소장 부본이 송달된 다음날부터 다 갚는 날까지 소송촉진 등에 관한 특례법에서 정해진 연 12%의 비율에 의한 지연손해금을 지급하라는 판결을 내려주시기 바랍니다.

소명자료 및 첨부서류

1. 갑 제1호증 통장거래내역서

○○○○ 년 ○○ 월 ○○ 일

위 원고 : ○ ○ ○ (인)

춘천지방법원 강릉지원 삼척시법원 귀중

⑵ 소액 대여금청구 소장 - 원고가 피고에게 소액 100만 원을 빌려주었으나 변제하지 않아 청구하는 소장 최신서식

소 장

원 고 : ○ ○ ○

피 고 : ○ ○ ○

대여금 청구의 소

소송물 가액금	금 1,000,000 원
첨부할 인지액	금 5,000 원
첨부한 인지액	금 5,000 원
납부한 송달료	금 104,000 원
비고	

의정부지방법원 포천시법원 귀중

소 장

1. 원고

성　　명	○ ○ ○	주민등록 번호	생략
주　　소	경기도 포천시 중앙로 ○○, ○○○-○○○호		
직　　업	상업	사무실 주　소	생략
전　　화	(휴대폰) 010 - 3345 - 0000		
기타사항	이 사건 채권자입니다.		

2. 피고

성　　명	○ ○ ○	주민등록 번호	생략
주　　소	경기도 포천시 ○○로 ○○길 ○○○, ○○호		
직　　업	상업	사무실 주　소	생략
전　　화	(휴대폰) 010 - 2389 - 0000		
기타사항	이 사건 채무자입니다.		

3.대여금 청구의 소

청구취지

1. 피고는 원고에게 금 1,000,000원 및 이에 대하여 이 사건 소장부본이 송달된 그 다음날부터 다 갚는 날까지 연 12%의 비율에 의한 금원을 지급하라.

2. 소송비용은 피고의 부담으로 한다.

3. 위 제1항은 가집행할 수 있다.

라는 판결을 구합니다.

청구원인

1. 원고는 ○○○○. ○○. ○○. 피고의 부탁에 의하여 차용증을 받고 피고의 거래은행 계좌번호 농협은행 ○○○-○○-○○○○○○으로 1회에 걸쳐 1,000,000원을 송금하고 빌려줬는데 변제하기로 한 지급기일이 훨씬 지나도록 차일피일 지체하면서 이를 변제하지 않고 있습니다.

2. 따라서 원고는 피고로부터 위 대여금 1,000,000원 및 이에 대한 이 사건 소장부본이 송달된 다음날부터 다 갚는 날까지는 소송촉진 등에 관한 특례법에서 정한 연 12%의 각 비율에 의한 지연손해금의 지급을 받기 위하여 이 사건 청구에 이른 것입니다.

소명자료 및 첨부서류

1. 갑 제1호증 차용증

1. 갑 제2호증 계좌입금증

○○○○ 년 ○○ 월 ○○ 일

위 원고 : ○ ○ ○(인)

의정부지방법원 포천시법원 귀중

(3) 소액 대여금청구 소장 - 소액 2,500,000원을 빌려주고 변제하지 않아 대여금반
환을 청구하는 소장 최신서식

소 장

원 고 : ○ ○ ○

피 고 : ○ ○ ○

대여금 청구의 소

소송물 가액금	금 2,500,000 원
첨부할 인지액	금 12,500 원
첨부한 인지액	금 12,500 원
납부한 송달료	금 104,000 원
비고	

광주지방법원 화순군법원 귀중

소 장

1.원고

성 명	○ ○ ○	주민등록 번호	생략
주 소	전라남도 화순군 화순읍 동헌길 ○○, ○○○호		
직 업	상업	사무실 주 소	생략
전 화	(휴대폰) 010 - 9989 - 0000		
기타사항	이 사건 채권자입니다.		

2.피고

성 명	○ ○ ○	주민등록 번호	생략
주 소	전라남도 화순군 화순읍 ○○길 ○○, ○○-○○호		
직 업	농업	사무실 주 소	생략
전 화	(휴대폰) 010 - 7786 - 0000		
기타사항	이 사건 채무자입니다.		

3. 대여금 청구의 소

청구취지

1. 피고는 원고에게 금 2,500,000원 및 이에 대하여 이 사건 소장부본이 송달 된 그 다음날부터 다 갚는 날까지 연 12%의 비율에 의한 금원을 지급하라.

2. 소송비용은 피고의 부담으로 한다.

3. 위 제1항은 가집행할 수 있다.

라는 판결을 구합니다.

청구원인

1. 원고는 ○○○○. ○○. ○○. 피고의 간곡한 요청에 의하여 피고의 거래은행 계좌번호 우리은행 ○○○-○○-○○○○○○으로 1회에 걸쳐 2,500,000원을 송금하여 대여하였으나 변제하기로 한 지급기일이 훨씬 지나도록 이를 변제 하지 않고 있습니다.

2. 그 후 원고는 피고에게 수차에 걸쳐 전화로 연락을 하였으나 이제는 아예 전 화자체를 받지 않고 현재에 이르기까지 지급하지 않고 있습니다.

3. 따라서 원고는 피고로부터 위 대여금 2,500,000원 및 이에 대한 이 사건 소 장부본이 송달된 그 다음날부터 다 갚는 날까지는 소송촉진등에관한특례법에 서 정한 연 12%의 각 비율에 의한 지연손해금의 지급을 받기 위하여 이 사 건 청구에 이른 것입니다.

소명자료 및 첨부서류

1. 갑 제1호증 온라인계좌송금영수증

○○○○ 년 ○○ 월 ○○ 일

위 원고 : ○ ○ ○(인)

광주지방법원 화순군법원 귀중

(4) 소액 대여금청구 소장 – 피고의 계좌로 2회에 걸쳐 송금하여 대여하였으나 반환
하지 않고 있어 청구하는 소장 최신서식

소 장

원 고 : ○ ○ ○

피 고 : ○ ○ ○

대여금 청구의 소

소송물 가액금	금 15,000,000 원
첨부할 인지액	금 72,500 원
첨부한 인지액	금 72,500 원
납부한 송달료	금 104,000 원
비고	

울산지방법원 양산시법원 귀중

소　장

1.원고

성　　명	○ ○ ○	주민등록 번호	생략
주　　소	경상남도 양산시 ○○로 ○○길 ○○, ○○○호		
직　　업	상업	사무실 주　소	생략
전　　화	(휴대폰) 010 - 1255 - 0000		
기타사항	이 사건 채권자입니다.		

2.피고

성　　명	○ ○ ○	주민등록 번호	생략
주　　소	경상남도 양산시 ○○로 ○길 ○○, ○○○호		
직　　업	상업	사무실 주　소	생략
전　　화	(휴대폰) 010 - 9876 - 0000		
기타사항	이 사건 채무자입니다.		

3.대여금 청구의 소

청구취지

1. 피고는 원고에게 금 15,000,000원 및 이에 대하여 ○○○○. ○○. ○○.부터 소장부본이 송달된 날까지는 연 5%의, 그 다음날부터 다 갚는 날까지 연 12%의 비율에 의한 금원을 지급하라.

2. 소송비용은 피고의 부담으로 한다.

3. 위 제1항은 가집행할 수 있다.

라는 판결을 구합니다.

청구원인

1. 원고는 ○○○○. ○○. ○○. 피고의 간곡한 요청에 의하여 피고의 거래은행 계좌번호 신한은행 ○○○-○○-○○○○○○으로 2회에 걸쳐 15,000,000원을 송금하여 대여하였으나 변제하기로 한 지급기일이 훨씬 지나도록 이를 변제하지 않고 있습니다.

2. 따라서 원고는 피고로부터 위 대여금 15,000,000원 및 이에 대한 ○○○○. ○○. ○○.부터 이 사건 소장부본이 송달된 날까지는 연 5%의, 그 다음날부터 다 갚는 날까지는 소송촉진등에관한특례법에서 정한 연 12%의 각 비율에 의한 지연손해금의 지급을 받기 위하여 이 사건 청구에 이르렀습니다.

소명자료 및 첨부서류

1. 갑 제1호증의 1. 2, 온라인송금영수증

○○○○ 년 ○○ 월 ○○ 일

위 원고 : ○ ○ ○(인)

울산지방법원 양산시법원 귀중

(5) 소액 대여금청구 소장 - 소액 3,000,000원을 현금보관증을 받고 빌려주었으나
    이를 반환하지 않아 청구하는 소장 최신서식

소 장

원 고 : ○ ○ ○

피 고 : ○ ○ ○

대여금 청구의 소

소송물 가액금	금 3,000,000 원
첨부할 인지액	금 15,000 원
첨부한 인지액	금 15,000 원
납부한 송달료	금 104,000 원
비고	

전주지방법원 정읍지원 고창군법원 귀중

소　장

1.원고

성　　명	○ ○ ○	주민등록 번호	생략
주　　소	전라북도 고창군 교촌 ○길 ○○○, ○○○호		
직　　업	상업	사무실 주　소	생략
전　　화	(휴대폰) 010 - 2345 - 0000		
기타사항	이 사건 채권자입니다.		

2.피고

성　　명	○ ○ ○	주민등록 번호	생략
주　　소	전라북도 고창군 ○○로 ○길 ○○, ○○○호		
직　　업	상업	사무실 주　소	생략
전　　화	(휴대폰) 010 - 2333 - 0000		
기타사항	이 사건 채무자입니다.		

3.대여금 청구의 소

청구취지

1. 피고는 원고에게 금 5,000,000원 및 이에 대하여 ○○○○. ○○. ○○.부터 소장부본이 송달된 날까지는 연 18%의, 그 다음날부터 다 갚는 날까지 연 12%의 비율에 의한 금원을 지급하라.

2. 소송비용은 피고의 부담으로 한다.

3. 위 제1항은 가집행할 수 있다.

라는 판결을 구합니다.

청구원인

1. 원고는 ○○○○. ○○. ○○. 피고의 간곡한 요청에 의하여 피고로부터 현금보관증을 교부받고 금 5,000,000원을 빌려주면서 변제기일은 ○○○○. ○○. ○○.까지 이자는 매월 1.5%를 말일에 지급받기로 하고 대여한 사실이 있습니다.

2. 피고는 위 대여금에 대한 ○○○○. ○○.부터 ○○.까지의 3개월분 이자만 지급하고 지급기일이 훨씬 지나도록 조금만 기다려 달라며 변제를 미루어 오다가 현재에 이르기까지 위 대여금의 원리금을 지급하지 않고 있습니다.

3. 따라서 원고는 피고로부터 위 대여금 5,000,000원 및 이에 대한 ○○○○. ○○. ○○.부터 이 사건 소장부본이 송달된 날까지는 약정한 이자인 연 18%(계산의 편의상 월 1.5%를 연단위로 환산하였습니다)의, 그 다음날부터 다 갚는 날까지는 소송촉진등에관한특례법에서 정한 연 12%의 각 비율에 의한 지연손해금의 지급을 받기 위하여 이 사건 청구에 이르렀습니다.

소명자료 및 첨부서류

1. 갑 제1호증현금보관증

○○○○ 년 ○○ 월 ○○ 일

위 원고 : ○　○　○ (인)

전주지방법원 정읍지원 고창군법원 귀중

⑹ 소액 대여금청구 소장 – 대여금 2,000만 원을 차일피일 지체하면 지급하지 않아
청구하는 소장 최신서식

소 장

원 고 : ○ ○ ○

피 고 : ○ ○ ○

대여금 청구의 소

소송물 가액금	금 20,000,000 원
첨부할 인지액	금 95,000 원
첨부한 인지액	금 95,000 원
납부한 송달료	금 104,000 원
비고	

대전지방법원 공주지원 청양군법원 귀중

소장

1.원고

성 명	○ ○ ○	주민등록 번호	생략
주 소	충청남도 청양군 청양읍 중앙로 ○길 ○○○, ○○○호		
직 업	상업	사무실 주 소	생략
전 화	(휴대폰) 010 - 2345 - 0000		
기타사항	이 사건 채권자입니다.		

2.피고

성 명	○ ○ ○	주민등록 번호	생략
주 소	충청남도 청양군 청양읍 ○○로 ○길 ○○, ○○호		
직 업	상업	사무실 주 소	생략
전 화	(휴대폰) 010 - 9909 - 0000		
기타사항	이 사건 채무자입니다.		

3.대여금 청구의 소

청구취지

1. 피고는 원고에게 금 20,000,000원 및 이에 대하여 ○○○○. ○○. ○○.부터 소장부본이 송달된 날까지는 연 18%의, 그 다음날부터 다 갚는 날까지 연 12 %의 비율에 의한 금원을 지급하라.

2. 소송비용은 피고의 부담으로 한다.

3. 위 제1항은 가집행할 수 있다.

라는 판결을 구합니다.

청구원인

1. 원고는 ○○○○. ○○. ○○. 피고의 간곡한 요청에 의하여 피고로부터 차용증을 교부받고 금 20,000,000원을 빌려주면서 변제기일은 ○○○○. ○○. ○○.까지 이자는 매월 1.5%를 말일에 지급받기로 하고 대여한 사실이 있습니다.

2. 피고는 위 대여금에 대한 ○○○○. ○○.까지의 1개월분 이자만 지급하고 지급기일이 훨씬 지나도록 조금만 기다려 달라며 변제를 미루어 오다가 현재에 이르기까지 위 대여금의 원리금을 지급하지 않고 있습니다.

3. 따라서 원고는 피고로부터 위 대여금 20,000,000원 및 이에 대한 ○○○○. ○○. ○○.부터 이 사건 소장부본이 송달된 날까지는 약정한 이자인 연 18% (계산의 편의상 월 1.5%를 연단위로 환산하였습니다)의, 그 다음날부터 다 갚는 날까지는 소송촉진등에관한특례법에서 정한 연 12%의 각 비율에 의한 지연손해금의 지급을 받기 위하여 이 사건 청구에 이르렀습니다.

소명자료 및 첨부서류

1. 갑 제1호증차용증서

○○○○ 년 ○○ 월 ○○ 일

위 원고 : ○ ○ ○(인)

대전지방법원 공주지원 청양군법원 귀중

(7) 소액 대여금청구 소장 - 원고가 피고에게 금 1,000만 원을 송금하여 대여하고 이
를 변제하지 않아 약정한 이자까지 청구하는 소장

소 장

원 고 : ○ ○ ○

피 고 : ○ ○ ○

대여금 청구의 소

소송물 가액금	금 10,000,000 원
첨부할 인지액	금 50,000 원
첨부한 인지액	금 50,000 원
납부한 송달료	금 104,000 원
비고	

대전지방법원 금산군법원 귀중

소 장

1.원고

성 명	○ ○ ○	주민등록 번호	생략
주 소	충청남도 금산군 금산읍 인삼로 ○길 ○○○, ○○○호		
직 업	상업	사무실 주 소	생략
전 화	(휴대폰) 010 - 2789 - 0000		
기타사항	이 사건 채권자입니다.		

2.피고

성 명	○ ○ ○	주민등록 번호	생략
주 소	충청남도 금산군 금산읍 ○○로 ○길 ○○, ○○호		
직 업	상업	사무실 주 소	생략
전 화	(휴대폰) 010 - 8788 - 0000		
기타사항	이 사건 채무자입니다.		

3. 대여금 청구의 소

청구취지

1. 피고는 원고에게 금 10,000,000원 및 이에 대하여 ○○○○. ○○. ○○.부터 소장부본이 송달된 날까지는 연 18%의, 그 다음날부터 다 갚는 날까지 연 12 %의 비율에 의한 금원을 지급하라.

2. 소송비용은 피고의 부담으로 한다.

3. 위 제1항은 가집행할 수 있다.

라는 판결을 구합니다.

청구원인

1. 원고는 ○○○○. ○○. ○○. 피고의 간곡한 요청에 의하여 피고의 농협은행 계좌번호 ○○-○○○-○○○-○○○○으로 2회에 걸쳐 10,000,000원을 송금하여 빌려주면서 변제기일은 ○○○○. ○○. ○○.까지 이자는 매월 1.5%를 말일에 지급받기로 하고 대여한 사실이 있습니다.

2. 피고는 위 대여금에 대한 ○○○○. ○○.까지의 1개월분 이자만 지급하고 지급기일이 훨씬 지나도록 조금만 기다려 달라며 변제를 미루어 오다가 현재에 이르기까지 위 대여금의 원리금을 지급하지 않고 있습니다.

3. 따라서 원고는 피고로부터 위 대여금 10,000,000원 및 이에 대한 ○○○○. ○○. ○○.부터 이 사건 소장부본이 송달된 날까지는 약정한 이자인 연 18% (계산의 편의상 월 1.5%를 연단위로 환산하였습니다)의, 그 다음날부터 다 갚는 날까지는 소송촉진등에관한특례법에서 정한 연 12%의 각 비율에 의한 지연손해금의 지급을 받기 위하여 이 사건 청구에 이르렀습니다.

소명자료 및 첨부서류

1. 갑 제1호증의 1. 2. 온라인 계좌입금확인서

○○○○ 년 ○○ 월 ○○ 일

위 원고 : ○ ○ ○ (인)

대전지방법원 금산군법원 귀중

(8) 소액 대여금청구 소장 - 소액 500,000원 변제하지 않아 청구하는 소장 인적사항
을 알지 못해 계좌번호로 사실조회신청서 포함

소　장

원　고　:　○ ○ ○

피　고　:　○ ○ ○

대여금 청구의 소

소송물 가액금	금 500,000 원
첨부할 인지액	금 2,500 원
첨부한 인지액	금 2,500 원
납부한 송달료	금 104,000 원
비고	

대구지방법원 서부지원 귀중

소 장

1. 원고

성 명	○ ○ ○	주민등록 번호	생략
주 소	대구광역시 ○○구 ○○로 ○○, ○○○-○○○호		
직 업	회사원	사무실 주 소	생략
전 화	(휴대폰) 010 - 7765 - 0000		
기타사항	□ 법정대리인 (성명 : ,연락처) □ 소송대리인 (성명 : 변호사,연락처)		

2. 피고

성 명	○ ○ ○	주민등록 번호	보정하겠습니다.
주 소	보정하겠습니다.		
직 업	무지	사무실 주 소	생략
전 화	(휴대폰) 010 - 5432 - 0000		
기타사항	이 사건 피고 겸 채무자입니다.		

3. 대여금 청구의 소

청구취지

1. 피고는 원고에게 금 500,000원 및 이에 대한 ○○○○. ○○. ○○.부터 이 사건 소장부본이 송달된 날까지는 연 5%의, 그 다음날부터 다 갚는 날까지 연 12%의 비율에 의한 금원을 지급하라.
2. 소송비용은 피고의 부담으로 한다.
3. 위 제1항은 가집행할 수 있다.

라는 판결을 구합니다.

청구원인

1. 이 사건 대여금

   원고는 ○○○○. ○○. ○○. 피고의 요청에 의하여 피고가 거래하는 농협은행 계좌번호 ○○○-○○○-○○-○○○으로 금 500,000원을 송금하여 대여하였습니다. 이 사건 대여금은 ○○○○. ○○. ○○.까지 피고가 원고에게 변제하기로 하고 이자 약정을 하지 않고 대여한 사실이 있습니다.

2. 대여금 변제의 지체

   피고는 위 대여금을 ○○○○. ○○. ○○.까지 변제하기로 하였으나 변제기일이 훨씬 지나도록 현재에 이르기까지 변제하지 않고 있습니다.

   이에 원고는 피고에게 수차에 걸쳐 전화 등으로 지급할 할 것을 독촉한 바 있으나 차일피일 지체하고 변제하지 않고 있었는데 현재에 이러서는 아예 휴대전화를 받지 않고 있습니다.

3. 결론

   따라서 원고는 피고로부터 위 대여금 500,000원 및 이에 대한 변제하기로 약속한 날짜의 그다음날인 ○○○○. ○○. ○○.부터 이 사건 소장 부본을 송달 받는 날까지는 민법소정의 연 5%의, 그 다음날부터 다 갚는 날까지는 소송촉진등에관한특례법에서 정한 연 12%의 각 비율에 의한 금원의 지급을 받기 위하여 이 사건 청구에 이른 것입니다.

소명자료 및 첨부서류

1. 갑 제1호증 보통예금 거래내역조회

1. 송달료납부서

1. 인지납부확인서

1. 금융거래 정보자료제공명령 신청서(사실조회)

○○○○ 년 ○○ 월 ○○ 일

위 원고 : ○ ○ ○ (인)

대구지방법원 서부지원 귀중

사실조회촉탁신청서

(금융거래정보자료제공명령신청서)

사 건 : ○ ○ ○ ○가소 ○ ○ ○ ○호 대여금

원 고 : ○ ○ ○

피 고 : ○ ○ ○

대구지방법원 서부지원 귀중

사실조회촉탁신청서

(금융거래정보자료제공명령신청서)

1.원고

성 명	○ ○ ○	주민등록 번호	생략
주 소	대구광역시 ○○구 ○○로 ○○, ○○○-○○○호		
직 업	회사원	사무실 주 소	생략
전 화	(휴대폰) 010 - 7765 - 0000		
기타사항	□ 법정대리인 (성명 : ,연락처) □ 소송대리인 (성명 : 변호사,연락처)		

2.피고

성 명	○ ○ ○	주민등록 번호	보정하겠습니다.
주 소	보정하겠습니다.		
직 업	무지	사무실 주 소	
전 화	(휴대폰) 010 - 5432 - 0000		
기타사항	이 사건 피고 겸 채무자입니다.		

3.사실조회촉탁신청

신청취지

위 사건에 관하여 원고는 그 주장사실을 입증하고자 다음과 같이 사실조회를 신청합니다.

- 다　음 -

4.사실조회의 목적

원고의 피고의 계좌로 이체하는 방법으로 송금하여 대여하였는바, 피고의 실명과 계좌개설 금융기관 말고는 피고의 인적사항을 전혀 알고 있지 못하고 있어, 소송 진행이 불가능해질 수 있으므로 사실조회를 신청합니다.

5.사실조회 할 곳

농협은행 주식회사

서울시 중구 통일로 120,(충정로 1가)

전화 02) 2080 - 5114

6.조회할 자의 인적사항

　　성 명 : ○ ○ ○

　　계좌번호 : ○○○-○○○-○○-○○○

7.조회 할 사항

　농협은행 계좌번호 ○○○-○○○-○○-○○○ 에 대한 예금주의 성명·주소·주민등록번호를 확인하여 주시기 바랍니다.

　위 조회사항에 대하여 적정히 답변하여 주시고, 관련 자료의 사본을 송부해주시기 바랍니다.

소명자료 및 첨부서류

(1) 조회할 사항 부본

○○○○ 년 ○○ 월 ○○ 일

위 원고 : ○ ○ ○ (인)

대구지방법원 서부지원 귀중

조회할 사항

농협은행 계좌번호 ○○○-○○○-○○-○○○에 대한 예금주의 성명·주소·주민등록번호를 확인하여 주시기 바랍니다.

위 조회사항에 대하여 적정히 답변하여 주시고, 관련 자료의 사본을 송부해 주시기 바랍니다.

- 이 상 -

(9) 소액 대여금청구 소장 - 대여금 이자약정 없이 여러 번 계좌송금 현금대여한 금
　　　액 청구소장 인적사항 알지 못해 휴대전화 인적사항 사
　　　실조회신청서 포함

소 장

원 고 : ○ ○ ○

피 고 : ○ ○ ○

대여금 청구의 소

소송물 가액금	금 3,900,000 원
첨부할 인지액	금 19,500 원
첨부한 인지액	금 19,500 원
납부한 송달료	금104,000 원
비고	

대구지방법원 귀중

소　장

1. 원고

성　명	○ ○ ○	주민등록 번호	생략
주　소	대구광역시 ○구 ○○로○○길 ○○, ○○○호		
직　업	회사원	사무실 주　소	생략
전　화	(휴대폰) 010 - 7765 - 0000		
기타사항	이 사건 채권자입니다.		

2. 피고

성　명	○ ○ ○	주민등록 번호	보정하겠습니다.
주　소	사실조회촉탁의 결과로 보정하겠습니다.		
직　업	무지	사무실 주　소	생략
전　화	(휴대폰) 010 - 9909 - 0000		
기타사항	이 사건 채무자입니다.		

3.대여금 청구의 소

청구취지

1. 피고는 원고에게 금 3,900,000원 및 이에 대하여 ○○○○. ○○. ○○.부터 소장부본이 송달된 날까지는 연 5%의, 그 다음날부터 다 갚는 날까지 연 12%의 비율에 의한 금원을 지급하라.

2. 소송비용은 피고의 부담으로 한다.

3. 위 제1항은 가집행할 수 있다.

라는 판결을 구합니다.

청구원인

1. 원고는 ○○○○. ○○. ○○. 피고의 간곡한 요청에 의하여 피고가 불러주는 계좌번호로 금 3,400,000원을 송금하여 대여하였고, 같은 날 현금으로 금 3,000,000원을 대여하여 총 금 6,400,000원을 대여하였습니다.

2. 원고는 피고가 위 대여금에 대하여 ○○○○. ○○. ○○.까지 변제하겠다고 하여 빌려준 것인 데 피고는 ○○○○. ○○. ○○. 금 500,000원, ○○○○. ○○. ○○. 금 500,000원, ○○○○. ○○. ○○. 금 500,000원, ○○○○. ○○. ○○. 금 500,000원, ○○○○. ○○. ○○.금 5 00,000원을 총 5회에 걸쳐 금 2,500,000원만 변제하고 현재에 이르기까지 나머지 금 3,900,000원을 변제하지 않고 있습니다.

3. 따라서 원고는 피고로부터 위 대여금 3,900,000원 및 이에 대한 변제하기로 한 그 다음날 ○○○○. ○○. ○○.부터 이 사건 소장부본이 송달된 날까지는 연 5%의, 그 다음날부터 다 갚는 날까지는 소송촉진등에관한특례법에서 정한 연 12%의 각 비율에 의한 지연손해금의 지급을 받기 위하여 이 사건 청구에 이르렀습니다.

소명자료 및 첨부서류

1. 갑 제1호증계좌이체한 통장내역서

1. 갑 제2호증변제한 내역서

1. 납부서

1. 사실조회촉탁신청서

○○○○ 년 ○○ 월 ○○ 일

위 원고 : ○ ○ ○(인)

대구지방법원 귀중

사실조회촉탁신청서

원 고 : ○ ○ ○

피 고 : ○ ○ ○

대구지방법원 귀중

사실조회촉탁신청서

1.원고

성 명	○ ○ ○	주민등록 번호	생략
주 소	대구광역시 ○구 ○○로○○길 ○○, ○○○호		
직 업	회사원	사무실 주 소	생략
전 화	(휴대폰) 010 - 7765 - 0000		
기타사항	이 사건 채권자입니다.		

2.피고

성 명	○ ○ ○	주민등록 번호	보정하겠습니다.
주 소	사실조회촉탁의 결과로 보정하겠습니다.		
직 업	무지	사무실 주 소	생략
전 화	(휴대폰) 010 - 9909 - 0000		
기타사항	이 사건 채무자입니다.		

3. 사실조회촉탁신청

신청취지

위 사건에 관하여 원고는 ○○○○. ○○. ○○.피고의 요청에 의하여 피고가 거래하는 계좌번호로 송금하여 대여하였으나 피고의 이름은 알고 있으나 정확한 주소, 주민등록번호는 모르고 피고가 현재까지 사용하고 있는 휴대폰 번호만 알고 있습니다.

이에 피고의 인적사항을 명확히 하기 위하여 다음과 같이 사실조회를 신청합니다.

- 다 음 -

4. 사실조회의 목적

원고는 피고의 휴대폰 연락처만을 알고 있으며, 피고가 현재도 휴대전화는 사용하고 있으므로 휴대전화에 대한 명의자의 인적사항을 확인하여 피고를 특정하고자 합니다.

5. 사실조회 할 곳

가. 에스케이텔레콤 주식회사

　　서울시 중구 을지로65(을지로2가) SK T-타워

　　대표이사 유영상

나. 주식회사 케이티

경기도 성남시 분당구 불정로 90(정자동)

대표이사 김영섭

다. 주식회사 엘지유플러스

서울시 용산구 한강대로 32 LG 유플러스 빌딩

대표이사 황현식

6.사실조회 할 사항

별지와 같습니다.

○○○○ 년 ○○ 월 ○○ 일

위 원고 : ○ ○ ○(인)

대구지방법원 귀중

사실조회 할 사항

피고의 인적사항을 확인하기 위하여, 피고가 현재까지 계속해서 사용하고 있는 휴대전화(010-9909-○○○○)의 가입자의 인적사항 (1) 주민등록번호 (2) 주소 등 일체.

- 이 상 -

(10) 소액 대여금청구 소장 – 이자 약정 없이 대여한 돈을 비급하지 않아 청구하는
    소장 주민등록초본을 발급받기 위하여 보정명령을 신
    청하는 서식 포함

소 장

원 고: ○ ○ ○

피 고: ○ ○ ○

대여금 청구의 소

소송물 가액금	금 2,250,000 원
첨부할 인지액	금 11,200 원
첨부한 인지액	금 11,200 원
납부한 송달료	금 104,000 원
비고	

광주지방법원 귀중

소　장

1. 원고

성　　명	○ ○ ○	주민등록 번호	생략
주　　소	광주시 ○○구 ○○로길 ○○, ○○호		
직　　업	사업	사무실 주　소	생략
전　　화	(휴대폰) 010 - 1234 - 0000		
기타사항	이 사건 채권자입니다.		

2. 피고

성　　명	○ ○ ○	주민등록 번호	생략
주　　소	보정명령신청에 의하여 당사자표시 정정하겠습니다.		
직　　업	무지	사무실 주　소	생략
전　　화	(휴대폰) 010 - 5543 - 0000		
기타사항	이 사건 채무자입니다.		

3.대여금 청구의 소

청구취지

1. 피고는 원고에게 금 2,250,000원 및 이에 대하여 ○○○○. ○○. ○○.부터 소장부본이 송달된 날까지는 연 5%의, 그 다음날부터 다 갚는 날까지 연 12%의 비율에 의한 금원을 지급하라.

2. 소송비용은 피고의 부담으로 한다.

3. 위 제1항은 가집행할 수 있다.

라는 판결을 구합니다.

청구원인

1. 원고는 ○○○○. ○○. ○○.피고의 간곡한 요청에 의하여 피고에게 금 2,500,000원을 ○○○○. ○○. ○○.금 500,000원을 빌려주고 ○○○○. ○○. ○○.까지 변제하기로 약속하고 총 2회에 걸쳐 3,000,000원을 대여했습니다.

2. 피고는 위 대여금에 대하여 ○○○○. ○○. ○○. 부터 ○○○○. ○○. ○○. 까지 총 9회에 걸쳐 금 750,000원만 지급하고 현재에 이르기까지 금 2,250,000원을 차일피일 지체하면서 지급하지 않고 있습니다.

3. 원고는 주소지 등에서 직업소개소를 운영하던 중, 피고의 남편인 건설현장의 일용근로자 소외 ○○○의 아내인 피고의 간곡한 부탁으로 금 3,000, 000원을 빌려주면 소외 ○○○와 아내인 피고가 일을 해서 ○○○○. ○○. ○○.까지 변제하겠다고 해서 대여하였던 것인데 지금까지 750,000원만 변제하고 금 2,250,000원을 지급하지 않고 있습니다.

4. 따라서 원고는 피고로부터 위 대여금 2,250,000원 및 이에 대한 변제하기로 한 그 다음날인 ○○○○. ○○. ○○.부터 이 사건 소장부본이 송달된 날까지는 연 5%의, 그 다음날부터 다 갚는 날까지는 소송촉진등에관한특례법에서 정한 연 12%의 각 비율에 의한 지연손해금의 지급을 받기 위하여 이 사건 청구에 이르렀습니다.

소명자료 및 첨부서류

1. 갑 제1호증차용증서

1. 납부서(인지대, 송달료)

○○○○ 년 ○○ 월 ○○ 일

위 원고 : ○○○ (인)

광주지방법원 귀중

주소보정명령신청서

원 고 : ○ ○ ○
　　　　광주시 ○○구 ○○로 ○○길 ○○, ○○○
　　　　010 - 1234 - 0000

피 고 : ○ ○ ○ (주민등록번호)
　　　　무지

본 대여금청구 사건에 관하여, 원고는 피고 ○○○에게 ○○○○. ○○○. ○○.금 3,000,000원을 대여하면서 피고로부터 차용증서를 교부받았으나 피고의 주소를 무지하여 이 사건 소장 부본 등 소송서류를 송달할 주소를 알 수 없으므로 피고의 주민등록초본을 발급받아 피고의 주소를 보정하여 본건 소송을 신속하게 진행할 수 있도록 이에 주소보정명령을 명하여 주시기 바랍니다.

○○○○ 년 ○○ 월 ○○ 일

위 원고 : ○ ○ ○ (인)

광주지방법원 귀중

(11) 소액 공사대금 청구 소장 - 공사를 완료하고 인도하였으나 공사대금의 잔액을
차일피일 지체하며 지급하지 않아 청구하는 소장

소 장

원 고 : ○ ○ ○

피 고 : ○ ○ ○

공사대금 청구의 소

소송물 가액금	금 24,000,000 원
첨부할 인지액	금 113,000 원
첨부한 인지액	금 113,000 원
납부한 송달료	금 104,000 원
비고	

전주지방법원 귀중

소 장

1.원고

성　　명	○ ○ ○	주민등록 번호	생략
주　　소	전라북도 무주군 ○○로 ○○길 ○○, ○○○호		
직　　업	노동	사무실 주　소	생략
전　　화	(휴대폰) 010 - 5547 - 0000		
기타사항	이 사건 채권자입니다.		

2.피고

성　　명	○ ○ ○	주민등록 번호	생략
주　　소	전라북도 무주군 무주읍 향확로 ○○○, ○○○호		
직　　업	상업	사무실 주　소	생략
전　　화	(휴대폰) 010 - 9876 - 0000		
기타사항	이 사건 채무자입니다.		

3.공사대금 청구의 소

청구취지

1. 피고는 원고에게 금 24,000,000원 및 이에 대하여 ○○○○. ○○. ○○.부터 소장부본이 송달된 날까지는 연 5%의, 그 다음날부터 다 갚는 날까지 연 12%의 비율에 의한 금원을 지급하라.

2. 소송비용은 피고의 부담으로 한다.

3. 위 제1항은 가집행할 수 있다.

라는 판결을 구합니다.

청구원인

1. 원고는 주소지에서 굴삭기 등을 이용하여 공사하는 노동자이고, 피고는 주소지에서 전원주택을 신축하던 자입니다.

2. 원고는 피고의 요청에 의하여 ○○○○. ○○. ○○. 피고가 신축하는 전원주택지에 대하여 굴삭기를 동원하여 토목공사를 금 30,000,000원에 완공하기로 하는 도급계약을 체결하고 ○○○○. ○○. ○○.부터 ○○○○. ○○. ○○.까지 위 토목공사를 모두 완료하고 피고에게 인도하였으나 피고는 공사대금 30,000,000원 중에서 금 6,000,000원만 지급하고 나머지 금 24,000,000원은 일주일 안에 지급하기로 약속하였으나 약속기일이 훨씬 지나도록 위 공사대금 잔액을 차일피일 지체하면서 지급하지 않고 있습니다.

3. 따라서 원고는 피고로부터 위 공사대금 금 24,000,000원 및 이에 대하여 공사대금을 지급하기로 약속한 날의 그 다음날인 ○○○○. ○○. ○○.부터 이 사건 소장부본이 송달된 날까지는 연 5%의, 그 다음날부터 다 갚는 날까지는 소송촉진등에관한특례법에서 정한 연 12%의 각 비율에 의한 지연손해금의 지급을 받기 위하여 이 사건 청구에 이른 것입니다.

소명자료 및 첨부서류

1. 갑 제1호증 공사도급계약서

○○○○ 년 ○○ 월 ○○ 일

위 원고 : ○ ○ ○ (인)

전주지방법원 귀중

(12) 소액 공사대금 청구 소장 - 공사대금을 완공과 동시에 지급하기로 하였으나 인
       도시 일부만 지급하고 공사대금 잔액을 차일피일
       지체하며 지급하지 않아 청구하는 소장

소 장

원 고 : ○ ○ ○

피 고 : ○ ○ ○

공사대금 청구의 소

소송물 가액금	금 25,000,000 원
첨부할 인지액	금 117,500 원
첨부한 인지액	금 117,500 원
납부한 송달료	금 104,000 원
비고	

대구지방법원 서부지원 귀중

소 장

1. 원고

성 명	○ ○ ○	주민등록 번호	생략
주 소	대구광역시 달서구 ○○로 ○○길 ○○, ○○○호		
직 업	공사업	사무실 주 소	생략
전 화	(휴대폰) 010 - 1123 - 0000		
기타사항	이 사건 채권자입니다.		

2. 피고

성 명	○ ○ ○	주민등록 번호	생략
주 소	대구광역시 서구 ○○로 ○○길 ○○, ○○○호		
직 업	원예업	사무실 주 소	생략
전 화	(휴대폰) 010 - 9876 - 0000		
기타사항	이 사건 채무자입니다.		

3.공사대금 청구의 소

청구취지

1. 피고는 원고에게 금 25,000,000원 및 이에 대하여 ○○○○. ○○. ○○.부터 이 사건 소장부본이 송달된 날까지는 연 5%의, 그 다음날부터 다 갚는 날까지 연 12%의 비율에 의한 금원을 지급하라.

2. 소송비용은 피고의 부담으로 한다.

3. 위 제1항은 가집행할 수 있다.

라는 판결을 구합니다.

청구원인

1. 원고는 주소지에서 일반 건축업을 하고 있고, 피고는 주소지에서 비닐하우스 등을 축조하여 원예업을 하고 있습니다.

2. 원고는 피고의 요청에 의하여 피고 소유의 비닐하우스 등을 철거하고 이곳에 철골조 원예시설을 건축하기로 하는 건축공사도급계약을 체결하고 총 금 72,000,000원에 위 원예시설을 모두 완공하여 피고에게 인도하였습니다.

3. 그런데 피고는 원고가 위 원예시설을 완공하여 피고에게 인도와 상환으로 위 공사대금 전액을 지급하기로 하였으나 위 원예시설을 원고가 인도하는 날 금 47,000,000원만 지급하고 대출을 받는 즉시 나머지의 공사대금은 지급하기로 약속하였던 것인데 피고는 대출을 받아 다른 곳에 흥청망청 사용하고 있으면서 원고에 대한 위 공사대금 잔액 금 25,000,000원을 차일피일 지체하면서 지급하지 않고 있습니다.

4. 따라서 원고는 피고로부터 위 공사대금 금 25,000,000원 및 이에 대하여 공사대금을 지급하기로 한 날의 그 다음날인 ○○○○. ○○. ○○.부터 이 사건 소장부본이 송달된 날까지는 연 5%의, 그 다음날부터 다 갚는 날까지는 소송촉진등에관한특례법에서 정한 연 12%의 각 비율에 의한 지연손해금의 지급을 받기 위하여 이 사건 청구에 이르렀습니다.

소명자료 및 첨부서류

1. 갑 제1호증공사도급계약서

1. 갑 제2호증지불각서

○○○○ 년 ○○ 월 ○○ 일

위 원고 : ○ ○ ○ (인)

대구지방법원 서부지원 귀중

(13) 소액 공사대금 청구 소장 - 공사를 완료하고 인도하였으나 공사대금의 일부만
      지급하고 잔액을 차일피일 지체하면서 지급하지 않
      고 있어 청구하는 소장

소 장

원 고 : ○ ○ ○

피 고 : ○ ○ ○

공사대금 청구의 소

소송물 가액금	금 8,000,000 원
첨부할 인지액	금 40,000 원
첨부한 인지액	금 40,000 원
납부한 송달료	금 104,000 원
비고	

홍성지(원 보령시법원 귀중

소　장

1. 원고

성　명	○ ○ ○	주민등록 번호	생략
주　소	충청남도 보령시 ○○로 ○○길 ○○,		
직　업	건축업	사무실 주　소	생략
전　화	(휴대폰) 010 - 2678 - 0000		
기타사항	이 사건 채권자입니다.		

2. 피고

성　명	○ ○ ○	주민등록 번호	생략
주　소	충청남도 보령시 ○○로길 ○○○, ○○○호		
직　업	무지	사무실 주　소	생략
전　화	(휴대폰) 010 - 6654 - 0000		
기타사항	이 사건 채무자입니다.		

3.공사대금 청구의 소

청구취지

1. 피고는 원고에게 금 8,000,000원 및 이에 대하여 ○○○○. ○○. ○○.부터 소장부본이 송달된 날까지는 연 6%의, 그 다음날부터 다 갚는 날까지 연 12%의 비율에 의한 금원을 지급하라.
2. 소송비용은 피고의 부담으로 한다.
3. 위 제1항은 가집행할 수 있다.

라는 판결을 구합니다.

청구원인

1. 피고는 ○○○○. ○○. ○○.원고에게 피고가 이주할 충청남도 보령시 ○○로길 ○○○, ○○○=○○○호 내부 수리 공사를 의뢰하여 금 39,900 ,000원 공사도급계약서를 작성하고 본건 공사를 하게 되었습니다.(갑제1호증 공사도급계약서, 갑제2호증 견적서 참조)

2. 공사를 진행하던 중, 애초 계약 외 공사부분이 발생하여 원고는 피고에게 가격을 정산하여 제시하고 공사를 추가로 하게 되었습니다.(갑제3호 정산서 참조)
   이 후에도 피고는 계약 외의 공사를 몇 가지 추가 요청하여 원고는 완공 후 이에 대한 금액을 정산하여 청구하였습니다.(갑제4호증 마감정산서 참조)

3. 하지만 피고는 추가공사 금 10,962,110원 중 금 4,500,000원 부분만 인정하고 금 6,462,110원은 인정할 수 없으니 지급하지 않겠다고 하고는, 총 본건 공사금액 금 45,913,560원 중 금 37,913,560원을 입금시키고 잔금 금 8,000,000원(45,913,5 60-37,913,560=8,000,000)을 지급까지 지급하지 않고 있습니다.

4. 따라서 원고는 피고로부터 위 공사잔금 금 8,000,000원 및 이에 대한 공사대금을 지급하기로 한 날 그 다음날인 ○○○○. ○○. ○○.부터 이 사건 소장의 부본이 송달된 날까지는 상법에 의한 연 6%의 그 다음날부터 다 갚는 날까지는 소송촉진 등에 관한 특례법에서 정한 연 12%의 각 비율에 의한 지연손해금의 지급을 받기 위하여 이 사건 청구에 이르렀습니다.

소명자료 및 첨부서류

1. 갑 제1호증공사도급계약서

1. 갑 제2호증견적서

1. 갑 제3호증정산서

1. 갑 제4호증마감정산서

1. 납부서(인지대)

1. 납부서(송달료)

○○○○ 년 ○○ 월 ○○ 일

위 원고 : ○ ○ ○ (인)

홍성지원 보령시법원 귀중

(14) 소액 공사대금 청구 소장 - 공사를 완료하고 있도하였으나 공사대금의 잔액을
차일피일 지체하며 지급하지 않아 청구하는 소장

소 장

원 고 : ○ ○ ○

피 고 : ○ ○ ○

공사대금 청구의 소

소송물 가액금	금 24,000,000 원
첨부할 인지액	금 113,000 원
첨부한 인지액	금 113,000 원
납부한 송달료	금104,000 원
비고	

춘천지방법원 원주지원 귀중

소　장

1. 원고

성　명	○ ○ ○	주민등록 번호	생략
주　소	강원도 원주시 ○○로 ○○길 ○○, ○○○호		
직　업	건축업	사무실 주　소	생략
전　화	(휴대폰) 010 - 5547 - 0000		
기타사항	이 사건 원고 겸 시공자입니다.		

2. 피고

성　명	○ ○ ○	주민등록 번호	생략
주　소	강원도 원주시 ○○로 ○○길 ○○, ○○○호		
직　업	상업	사무실 주　소	생략
전　화	(휴대폰) 010 - 7951 - 0000		
기타사항	이 사건 피고 겸 건축주입니다.		

3.공사대금 청구의 소

청구취지

1. 피고는 원고에게 금 24,000,000원 및 이에 대하여 ○○○○. ○○. ○○.부터 소장부본이 송달된 날까지는 연 6%의, 그 다음날부터 다 갚는 날까지 연 12%의 비율에 의한 금원을 지급하라.

2. 소송비용은 피고의 부담으로 한다.

3. 위 제1항은 가집행할 수 있다.

라는 판결을 구합니다.

청구원인

1. 원고는 주소지에서 굴삭기 등을 이용하여 공사하는 건축업자이고, 피고는 주소지에서 다세대주택을 신축하던 자입니다.

2. 원고는 피고의 요청에 의하여 ○○○○. ○○. ○○. 피고가 신축하는 전원주택지에 대하여 굴삭기를 동원하여 토목공사를 금 30,000,000원에 완공하기로 하는 도급계약을 체결하고 ○○○○. ○○. ○○.부터 ○○○○. ○○. ○○.까지 위 토목공사를 모두 완료하고 피고에게 인도하였으나 피고는 공사대금 30,000,000원 중에서 금 6,000,000원만 지급하고 나머지 금 24,000,000원은 일주일 안에 지급하기로 약속하였으나 약속기일이 훨씬 지나도록 위 공사대금 잔액을 차일피일 지체하면서 지급하지 않고 있습니다.

3. 따라서 원고는 피고로부터 위 공사대금 금 24,000,000원 및 이에 대하여 공사대금을 지급하기로 약속한 날의 그 다음날인 ○○○○. ○○. ○○.부터 이 사건 소장부본이 송달된 날까지는 연 5%의, 그 다음날부터 다 갚는 날까지는 소송촉진등에관한특례법에서 정한 연 12%의 각 비율에 의한 지연손해금의 지급을 받기 위하여 이 사건 청구에 이른 것입니다.

소명자료 및 첨부서류

1. 갑 제1호증 공사도급계약서

1. 갑 제2호증 송금영수증

○○○○ 년 ○○ 월 ○○ 일

위 원고 : ○ ○ ○ (인)

춘천지방법원 원주지원 귀중

(15) 소액 공사대금 청구 소장 - 소액 공사대금을 일부만 지급하고 잔액을 차일피일
　　　 지체하면서 현재에 이르기까지 지급하지 않아 청구
　　　 하는 소장

소　장

원 고 : ○ ○ ○

피 고 : ○ ○ ○

공사대금 청구의 소

소송물 가액금	금 11,000,000 원
첨부할 인지액	금　54,500 원
첨부한 인지액	금　54,500 원
납부한 송달료	금 104,000 원
비고	

수원지방법원 오산시법원 귀중

소 장

1.원고

성 명	○ ○ ○	주민등록 번호	생략
주 소	경기도 화성시 ○○로 ○○길 ○○, ○○○-○○○○호		
직 업	건축업	사무실 주 소	생략
전 화	(휴대폰) 010 - 7987 - 0000		
기타사항	이 사건 채권자입니다.		

2.피고

성 명	○ ○ ○	주민등록 번호	생략
주 소	경기도 화성시 ○○로길 ○○○, ○○○호		
직 업	무지	사무실 주 소	생략
전 화	(휴대폰) 010 - 2764 - 0000		
기타사항	이 사건 채무자입니다.		

3.공사대금 청구의 소

청구취지

1. 피고는 원고에게 금 11,000,000원 및 이에 대하여 ○○○○. ○○. ○○.부터 소장부본이 송달된 날까지는 연 6%의, 그 다음날부터 다 갚는 날까지 연 12%의 비율에 의한 금원을 지급하라.

2. 소송비용은 피고의 부담으로 한다.

3. 위 제1항은 가집행할 수 있다.

라는 판결을 구합니다.

청구원인

1. 피고는 ○○○○. ○○. ○○.원고에게 피고가 영업하는 ○○로 ○○, ○○식당의 내부인테리어공사를 의뢰하여 금 41,000,000원 공사도급계약서를 작성하고 본건 공사를 하게 되었습니다.(갑제1호증 공사도급계약서, 갑제2호증 견적서 참조)

2. 원고는 이 사건 인테리어공사를 ○○○○. ○○. ○○.부터 ○○○○. ○○. ○○.까지 공사를 완료하고 피고에게 인도하였으나 피고는 인도 당일 금 20,000,000원을 지급하고 ○○○○. ○○. ○○. 금 10,000,000원을 지급하고 나머지 잔액 금 11,000,00 0원을 현재에 이르기까지 지급하지 않고 있습니다.

3. 따라서 원고는 피고로부터 위 공사잔금 금 11,000,000원 및 이에 대한 공사대금을 지급하기로 한 날 그 다음날인 ○○○○. ○○. ○○.부터 이 사건 소장의 부본이 송달된 날까지는 상법에 의한 연 6%의 그 다음날부터 다 갚는 날까지는 소송촉진 등에 관한 특례법에서 정한 연 12%의 각 비율에 의한 지연손해금의 지급을 받기 위하여 이 사건 청구에 이르렀습니다.

소명자료 및 첨부서류

1. 갑 제1호증공사도급계약서

1. 납부서(인지대)

1. 납부서(송달료)

○○○○ 년 ○○ 월 ○○ 일

위 원고 : ○ ○ ○ (인)

수원지방법원 오산시법원 귀중

(16) 소액 물품대금 청구 소장 - 소액의 물품을 판매하고 공급하였으나 그 물품대금을
차일피일 지체하면서 지급하지 않아 청구하는 소장

소　장

원　고: ○ ○ ○

피　고: ○ ○ ○

물품대금 청구의 소

소송물 가액금	금　5,000,000 원
첨부할 인지액	금　25,000 원
첨부한 인지액	금　25,000 원
납부한 송달료	금　104,000 원
비고	

부산지방법원 동부지원 귀중

소 장

1.원고

성 명	○ ○ ○	주민등록 번호	생략
주 소	부산시 해운대구 재반로 ○○길 ○○, ○○○호		
직 업	상업	사무실 주 소	생략
전 화	(휴대폰) 010 - 9909 - 0000		
기타사항	이 사건 채권자입니다.		

2.피고

성 명	○ ○ ○	주민등록 번호	생략
주 소	부산시 해운대구 ○○로 ○○길 ○○, ○○-○○호		
직 업	상업	사무실 주 소	생략
전 화	(휴대폰) 010 - 2789 - 0000		
기타사항	이 사건 채무자입니다.		

3.물품대금 청구의 소

청구취지

1. 피고는 원고에게 금 5,000,000원 및 이에 대하여 ○○○○. ○○. ○○.부터 소장부본이 송달된 날까지는 연 5%의, 그 다음날부터 다 갚는 날까지 연 12%의 비율에 의한 금원을 지급하라.

2. 소송비용은 피고의 부담으로 한다

3. 위 제1항은 가집행할 수 있다.

라는 판결을 구합니다.

청구원인

1. 원고는 주소지에서 보일러대리점을 운영하고 있고, 피고는 주소지에 거주하고 있는데 피고가 원고에게 ○○○○. ○○. ○○.에 찾아와 원고가 취급하는 보일러 3대를 주문하여 금 6,300,000원에 피고에게 모두 설치하였으나 피고는 금 1,300,000원만 지급하고 나머지 금 5,000,000원은 바로 지급하기로 해놓고 현재에 이르기까지 이를 지급하지 않고 있습니다.

2. 따라서 원고는 피고로부터 위 물품대금 금 5,000,000원 및 이에 대하여 물품대금을 지급하기로 한 날의 그 다음날인 ○○○○. ○○. ○○.부터 이 사건 소장부본이 송달된 날까지는 연 5%의, 그 다음날부터 다 갚는 날까지는 소송촉진등에관한특례법에서 정한 연 12%의 각 비율에 의한 지연손해금의 지급을 받기 위하여 이 사건 청구에 이른 것입니다.

소명자료 및 첨부서류

1. 갑 제1호증거래명세서

○○○○ 년 ○○ 월 ○○ 일

위 원고 : ○   ○   ○(인)

부산지방법원 동부지원 귀중

(17) 소액 물품대금 청구 소장 – 건축자재를 판매하고 공급하였으나 대금을 차일피일
　　　지체하며 현재에 이르기까지 지급하지 않고 있어 청
　　　구하는 소장

소 장

원 고: ○ ○ ○

피 고: ○ ○ ○

물품대금 청구의 소

소송물 가액금	금 15,000,000 원
첨부할 인지액	금 72,500 원
첨부한 인지액	금 72,500 원
납부한 송달료	금 104,000 원
비고	

대전지방법원 서산지원 귀중

소 장

1. 원고

성 명	○ ○ ○	주민등록 번호	생략
주 소	충청남도 서산시 ○○로 ○○길 ○○, ○○○호		
직 업	상업	사무실 주 소	생략
전 화	(휴대폰) 010 - 1233 - 0000		
기타사항	이 사건 채권자입니다.		

2. 피고

성 명	○ ○ ○	주민등록 번호	생략
주 소	충청남도 서산시 ○○로 ○길 ○○, ○○○호		
직 업	건축업	사무실 주 소	생략
전 화	(휴대폰) 010 - 9876 - 0000		
기타사항	이 사건 채무자입니다.		

3.물품대금 청구의 소

청구취지

1. 피고는 원고에게 금 15,000,000원 및 이에 대한 ○○○○. ○○. ○○.부터 이 사건 소장부본이 송달된 날까지는 연 5%의, 그 다음날부터 다 갚는 날까지 연 12%의 비율에 의한 금원을 지급하라.

2. 소송비용은 피고의 부담으로 한다.

3. 위 제1항은 가집행할 수 있다.

라는 판결을 구합니다.

청구원인

1. 원고는 주소지에서 건축자재와 필요한 철물제품을 취급하고 있고, 피고는 주소지에서 아름다운건축이라는 상호로 다세대주택을 건축하여 분양하는 건축업자로서 ○○○○. ○○. ○○. 피고의 주문에 의하여 피고가 건축하고 있는 공사현장으로 시멘트, 철물제품을 총 21,000,000원에 납품하여 판매하였으나 피고는 지급기일에 이르러 금 6,000,000원만 지급하고 나머지 15,000,0 00원을 현재에 이르기까지 지급하지 않고 있습니다.

2. 따라서 원고는 피고로부터 위 물품대금 금 15,000,000원 및 이에 대하여 물품대금을 지급하기로 한 날의 그 다음날인 ○○○○. ○○. ○○.부터 이 사건 소장부본이 송달된 날까지는 연 5%의, 그 다음날부터 다 갚는 날까지는 소송촉진등에관한특례법에서 정한 연 12%의 각 비율에 의한 지연손해금의 지급을 받기 위하여 이 사건 청구에 이른 것입니다.

소명자료 및 첨부서류

1. 갑 제1호증   거래명세서

1. 갑 제2호증   인수증

○○○○ 년 ○○ 월 ○○ 일

위 원고 : ○ ○ ○(인)

대전지방법원 서산지원 귀중

(18) 소액 물품대금 청구 소장 - 건축자재를 납품하고 판매하였으나 물품대금의 잔액
을 차일피일 지체하고 지급하지 않아 청구하는 소장

소 장

원 고 : ○ ○ ○

피 고 : ○ ○ ○

물품대금 청구의 소

소송물 가액금	금 25,000,000 원
첨부할 인지액	금 117,500 원
첨부한 인지액	금 117,500 원
납부한 송달료	금 104,000 원
비고	

수원지방법원 용인시법원 귀중

소 장

1. 원고

성 명	○ ○ ○	주민등록 번호	생략
주 소	경기도 용인시 ○○구 ○○로 ○길 ○○, ○○○호		
직 업	상업	사무실 주 소	생략
전 화	(휴대폰) 010 - 2345 - 0000		
기타사항	이 사건 원고입니다.		

2. 피고

성 명	○ ○ ○	주민등록 번호	생략
주 소	경기도 용인시 ○○구 ○○로 ○○길 ○○,		
직 업	건축업	사무실 주 소	생략
전 화	(휴대폰) 010 - 7789 - 0000		
기타사항	이 사건 피고입니다.		

3. 물품대금 청구의 소

청구취지

1. 피고는 원고에게 금 25,000,000원 및 이 사건 소장의 부본이 송달된 그 다음날부터 다 갚는 날까지 연 12%의 비율에 의한 금원을 각 지급하라.

2. 소송비용은 피고의 부담으로 한다.

3. 위 제1항은 가집행할 수 있다.

라는 판결을 구합니다.

청구원인

1. 원고는 ○○건축이라는 상호로 적 벽돌 및 건축자재를 판매하는 자인바, 피고에게 ○○○○. ○○. ○○.부터 ○○○○. ○○. ○○.까지 시멘트 및 시멘벽돌을 납품하고 그 대금 중 잔대금으로 금 25,000,000원이 미지불되어 그 지급을 구하였더니 피고는 차일피일 미루다가 별첨과 같이 발행일 ○○○○. ○○. ○○. 지급일 ○○○○. ○○. ○○. 지급지, 발행지 각 경기도로 된 약속어음을 발행 교부하여 주었습니다.

2. 위 약속어음은 잔액부족으로 부도 처리되었고 피고는 현재까지 위 물품잔대금을 지급하지 않고 있습니다.

3. 피고는 지급기일이 지나도 위 잔대금을 변제하지 아니하여 원고는 부득이 청구취지와 같은 판결을 받고자 본소 청구에 이르렀습니다.

소명자료 및 첨부서류

1. 갑 제1호증거래내역서

1. 갑 제2호증약속어음

1. 갑 제3호증각서

○○○○ 년 ○○ 월 ○○ 일

위 원고 : ○○○(인)

수원지방법원 용인시법원 귀중

(19) 소액 물품대금 청구 소장 - 소액의 건축자재를 건축현장에 납품하여 공급하였으나 대금을 차일피일 지체하면서 지급하지 않아 청구하는 소장

소 장

원 고: ○ ○ ○

피 고: ○ ○ ○

물품대금 청구의 소

소송물 가액금	금 15,000,000 원
첨부할 인지액	금 72,500 원
첨부한 인지액	금 72,500 원
납부한 송달료	금 104,000 원
비고	

대전지방법원 서산지원 귀중

소 장

1. 원고

성 명	○ ○ ○	주민등록 번호	생략
주 소	충청남도 서산시 ○○로 ○○길 ○○, ○○○호		
직 업	상업	사무실 주 소	생략
전 화	(휴대폰) 010 - 1233 - 0000		
기타사항	이 사건 채권자입니다.		

2. 피고

성 명	○ ○ ○	주민등록 번호	생략
주 소	충청남도 서산시 ○○로 ○길 ○○, ○○○호		
직 업	건축업	사무실 주 소	생략
전 화	(휴대폰) 010 - 9876 - 0000		
기타사항	이 사건 채무자입니다.		

3.물품대금 청구의 소

청구취지

1. 피고는 원고에게 금 15,000,000원 및 이에 대한 ○○○○. ○○. ○○.부터 이 사건 소장부본이 송달된 날까지는 연 6%의, 그 다음날부터 다 갚는 날까지 연 12%의 비율에 의한 금원을 지급하라.

2. 소송비용은 피고의 부담으로 한다.

3. 위 제1항은 가집행할 수 있다.

라는 판결을 구합니다.

청구원인

1. 원고는 주소지에서 건축자재와 필요한 철물제품을 취급하고 있고, 피고는 주소지에서 아름다운건축이라는 상호로 다세대주택을 건축하여 분양하는 건축업자로서 ○○○○. ○○. ○○. 피고의 주문에 의하여 피고가 건축하고 있는 공사현장으로 시멘트, 철물제품을 총 21,000,000원에 납품하여 판매하였으나 피고는 지급기일에 이르러 금 6,000,000원만 지급하고 나머지 15,000,000원을 현재에 이르기까지 지급하지 않고 있습니다.

2. 따라서 원고는 피고로부터 위 물품대금 금 15,000,000원 및 이에 대하여 물품대금을 지급하기로 한 날의 그 다음날인 ○○○○. ○○. ○○.부터 이 사건 소장부본이 송달된 날까지는 연 6%의, 그 다음날부터 다 갚는 날까지는 소송촉진등에관한특례법에서 정한 연 15%의 각 비율에 의한 지연손해금의 지급을 받기 위하여 이 사건 청구에 이른 것입니다.

소명자료 및 첨부서류

1. 갑 제1호증 거래명세서

1. 갑 제2호증 인수증

○○○○ 년 ○○ 월 ○○ 일

위 원고 : ○ ○ ○ (인)

대전지방법원 서산지원 귀중

(20) 소액 물품대금 청구 소장 - 물품을 판매하였으나 소액의 대금을 지급하지 않아
청구하는 소장 및 인적사항을 알지 못해 휴대전화
로 인적사항 사실조회신청서 포함

소 장

원 고: 가 ○ 엽

피 고: 가 ○ 숙

물품대금 청구의 소

소송물 가액금	금 2,018,200 원
첨부할 인지액	금 10,000 원
첨부한 인지액	금 10,000 원
납부한 송달료	금 104,000 원
비고	

부천지원 김포시법원 귀중

소 장

1.원고

성 명	이 ○ 엽	주민등록 번호	생략
주 소	경기도 김포시 ○○로 ○○,(○○동, ○○빌딩 1층)		
직 업	상업	사무실 주 소	생략
전 화	(휴대폰) 010 - 9160 - 0000		
기타사항	이 사건 원고입니다.		

2.피고

성 명	이 ○ 숙	주민등록 번호	보정하겠습니다
주 소	보정하겠습니다.		
직 업	상업	사무실 주 소	생략
전 화	(휴대폰) 010 - 2334 - 0000		
기타사항	이 사건 피고입니다.		

3. 물품대금 청구의 소

청구취지

1. 피고는 원고에게 금 2,018,200원 및 이 사건 소장의 부본이 송달된 그 다음 날부터 다 갚는 날까지 연 12%의 비율에 의한 금원을 각 지급하라.

2. 소송비용은 피고의 부담으로 한다.

3. 위 제1항은 가집행할 수 있다.

라는 판결을 구합니다.

청구원인

1. 원고는 경기도 김포시 ○○로 ○○,(○○동, ○○빌딩 1층)에서 상호 ○○우유 ○○대리점을 운영하고 있는 개인사업자입니다.

2. 피고는 경기도 김포시 ○○로 ○○길 ○○○,(○○동, ○○빌딩)에서 상호 ○○ 카페로 커피전문점을 운영하고 있습니다.

3. 원고는 피고의 주문에 의하여 ○○○○. ○○. ○○.부터 ○○○○. ○○. ○○.까지 원고가 취급하는 우유를 피고에게 금 2,018,200원에 공급하여 판매하였으나 피고는 현재에 이르기까지 위 물품대금을 지급하지 않습니다.

4. 이에 원고는 피고에게 ○○○○. ○○. ○○.자 내용증명을 발송하고 위 물품대금의 지급을 촉구하였으나 지급하지 않고 아예 연락을 하지 않고 있습니다.

5. 따라서 원고는 피고가 위 물품대금의 지급을 차일피일 지체하며 지급하지 않고 있으므로 부득이 청구취지와 같은 판결을 받고자 본소 청구에 이르렀습니다.

소명자료 및 첨부서류

1. 갑 제1호증   내용증명서

1. 갑 제2호증   사업자등록증

1. 납부서

1. 사실조회신청서

○○○○ 년 ○○ 월 ○○ 일

위 원고 : 이 ○   엽(인)

부천지원 김포시법원 귀중

사실조회촉탁신청서

원 고 : 이 ○ 엽

피 고 : 이 ○ 숙

부천지원 김포시법원 귀중

사실조회촉탁신청서

1.원고

성 명	이 ○ 엽	주민등록 번호	생략
주 소	경기도 김포시 ○○로 ○○,(○○동, ○○빌딩 1층)		
직 업	상업	사무실 주 소	생략
전 화	(휴대폰) 010 - 9160 - 0000		
기타사항	이 사건 원고입니다.		

2.피고

성 명	이 ○ 숙	주민등록 번호	보정하겠습니다
주 소	보정하겠습니다.		
직 업	상업	사무실 주 소	생략
전 화	(휴대폰) 010 - 2334 - 0000		
기타사항	이 사건 피고입니다.		

3.사실조회촉탁신청

신청취지

위 사건에 관하여 원고는 피고의 요청에 의하여 피고가 운영하는 '○○카페'에 물품을 공급하여 판매하였으나 피고의 이름은 알고 있으나 정확한 주소, 주민등록번호는 모르고 피고가 현재까지 사용하고 있는 휴대폰 번호만 알고 있습니다.

이에 피고의 인적사항을 명확히 하기 위하여 다음과 같이 사실조회를 신청합니다.

- 다 음 -

4.사실조회의 목적

원고는 피고의 휴대폰 연락처만을 알고 있으며, 피고가 현재도 휴대전화를 사용하고 있으므로 휴대전화에 대한 명의자의 인적사항을 확인하여 피고를 특정하고자 합니다.

5.사실조회 할 곳1

상 호	에스케이텔레콤 주식회사
주 소	서울시 중구 을지로65(을지로2가) SK T-타워
대 표 자	대표이사 유영상

사실조회 할 곳2

상 호	주식회사 케이티
주 소	경기도 성남시 분당구 불정로 90(정자동)
대 표 자	대표이사 김영섭

사실조회 할 곳3

상 호	주식회사 엘지유플러스
주 소	서울시 용산구 한강대로 32 LG 유플러스 빌딩
대 표 자	대표이사 황현석

6.사실조회 할 사항

별지와 같습니다.

○○○○ 년 ○○ 월 ○○ 일

위 원고 : 이 ○ 엽(인)

부천지원 김포시법원 귀중

사실조회 할 사항

  피고의 인적사항을 확인하기 위하여, 피고가 현재까지 계속해서 사용하고 있는 휴대전화(○○○ - ○○○○ - ○○○○)의 가입자의 인적사항 (1) 주민등록번호 (2) 주소 등 일체.

- 이 상 -

◨ 편 저 대한법률콘텐츠연구회 ◨

(연구회 발행도서)

· 청구취지 원인변경 소의 변경 보충·정정 작성방법
· 청구이의의 소 강제집행정지 제3자이의의 소
· 음주운전 공무집행방해 의견서 작성방법
· 불기소처분 고등법원 재정신청서 작성방법
· 형사사건항소 항소이유서 작성방법
· 불법행위 손해배상 위자료 청구
· 경찰서 진술서 작성방법

소액심판 재판 민사소송 소장 작성방법 실무지침서
소액심판 소장소송절차 이행권고신청 작성방법

2025년 03월 20일 인쇄
2025년 03월 25일 발행

편 저 대한법률콘텐츠연구회
발행인 김현호
발행처 법문북스
공급처 법률미디어

주소 서울 구로구 경인로 54길4(구로동 636-62)
전화 02)2636-2911~2, 팩스 02)2636-3012
홈페이지 www.lawb.co.kr

홈페이지 www.lawb.co.kr
페이스북 www.facebook.com/bummun3011
인스타그램 www.instagram.com/bummun3011
네이버 블로그 blog.naver.com/bubmunk

등록일자 1979년 8월 27일
등록번호 제5-22호

ISBN 979-11-93350-91-1 (13360)

정가 28,000원

이 도서의 국립중앙도서관 출판예정도서목록(CIP)은 서지정보유통지원시스템 홈페이지(http://seoji.nl.go.kr)와 국가
자료종합목록 구축시스템(http://kolis-net.nl.go.kr)에서 이용하실 수 있습니다.